LA TUBERCULOSE

Dans l'Espèce bovine

D'APRÈS

LA LOI FRANÇAISE

THÈSE POUR LE DOCTORAT

PRÉSENTÉE PAR

Pierre de GORSSE

TOULOUSE

V. RIVIÈRE, LIBRAIRE-ÉDITEUR

Libraire de Droit et de Jurisprudence

6, RUE DES LOIS, 6

1900

LA TUBERCULOSE

Dans l'Espèce bovine

D'APRÈS

LA LOI FRANÇAISE

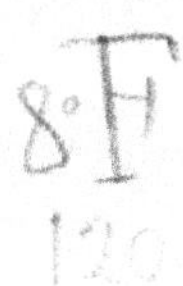

UNIVERSITÉ DE TOULOUSE — FACULTÉ DE DROIT

LA TUBERCULOSE

Dans l'Espèce bovine

D'APRÈS

LA LOI FRANÇAISE

THÈSE POUR LE DOCTORAT

PRÉSENTÉE PAR

Pierre de GORSSE

TOULOUSE

V. RIVIÈRE, LIBRAIRE-ÉDITEUR

Librairie de Droit et de Jurisprudence

6, RUE DES LOIS, 6

1900

FACULTÉ DE DROIT DE TOULOUSE

BIBLIOGRAPHIE

LESAGE (Léon). — De la vente des animaux de l'espèce bovine atteints de tuberculose, 1896. — Librairie Duchemin.

BRUGALIÈRES (J.) — De la vente des animaux atteints de maladies contagieuses. — Thèse pour le doctorat, Faculté de Toulouse, 1898.

CONTE. — Jurisprudence vétérinaire, 1898.

Revue de médecine vétérinaire, années 1896, 1897, 1898, 1899.

Journal de la Société des agriculteurs de France, années 1896, 1897, 1898, 1899, 1900.

INTRODUCTION

———

S'il nous a paru intéressant de rechercher quelles sont les prescriptions établies par le législateur français en ce qui concerne les animaux de l'espèce bovine atteints de tuberculose, c'est que l'élevage constitue la principale richesse de certaines contrées et que dans d'autres, plus particulièrement éprouvées par la mévente des céréales ou le manque de la main-d'œuvre, il tend à prendre de jour en jour une importance plus grande.

Le mode d'alimentation lui-même, qui tend à faire rentrer de plus en plus la viande dans la consommation journalière de toutes les classes de la société, n'est pas étranger à cette augmentation de l'élevage de l'espèce bovine.

Mais à mesure qu'une branche du commerce ou de l'industrie agricole prend un plus grand développement, il semble nécessaire de la réglementer d'une façon précise. S'il est des maladies que l'on considérait autrefois comme incurables et que l'on parvient aujourd'hui à guérir, il en est d'autres au contraire qui, par les ravages incessants qu'elles font au milieu des espèces qu'elles attaquent plus particulièrement, ont justement préoccupé les savants et les pouvoirs publics.

Au nombre de ces nouvelles maladies, une des plus graves et des plus répandues est assurément la tuberculose ; nous disons que c'est une des plus graves, parce que la médecine vétérinaire n'a point encore trouvé le remède efficace à la guérir ; et la plus répandue, parce que les statistiques fournies par les hommes compétents et présentant un caractère absolument officiel ne peuvent laisser aucun doute sur le chiffre énorme des animaux atteints. M. Leclainche prétend que l'évaluation de 10 % de bœufs tuberculeux n'a rien d'excessif[1], et M. Darbot, au Sénat, a souvent parlé d'une moyenne de 15 %.

La tuberculose présente encore l'énorme danger d'être au plus haut point contagieuse par l'hérédité la cohabitation des animaux et par l'alimentation.

Les veaux nés de parents tuberculeux peuvent avoir le germe de cette terrible maladie.

Les animaux mis en contact avec des animaux tuberculeux peuvent aussi le devenir.

1. Voir *Revue vétérinaire*, 1897, p. 257.

La science a enfin démontré que l'enfant qui boit le lait d'une vache tuberculeuse peut le devenir à son tour et que le fait de manger des viandes d'animaux tuberculeux peut influer sur l'état sanitaire des personnes qui s'en sont nourries lorsque la viande n'a pas été suffisamment cuite.

Pour en terminer avec les dangers de la tuberculose et ses ravages, qu'il nous soit permis de citer les termes d'un rapport de M. Nocard, qui a consacré sa haute expérience et son indiscutable talent à l'étude de cette terrible maladie.

« Si la tuberculose, dit-il, par suite de sa progression lente fait des ravages moins évidents que les maladies à évolution foudroyante, telles que le charbon, elle n'en constitue pas moins, et par elle-même, et par les accidents auxquels elle donne lieu, tels que l'avortement, la stérilité et la résistance à l'engraissement, un fléau bien plus grand pour les agriculteurs. Sa propagation est indiscutable. La proportion des bœufs tuberculeux est de 21 % en Saxe ; de 30 à 40 % en Danemark[1].

Rechercher les différentes mesures prises par le législateur français aux diverses époques, exami-

---

[1] Voir *Bulletin de la Société des Agriculteurs de France*, An 1897, 1ᵉʳ fasc., p. 432

ner les actions que la loi accorde à l'acheteur d'un animal tuberculeux, discuter les mesures que l'on a prises pour arrêter le développement croissant de la tuberculose, voir enfin si notre législation a atteint le but qu'elle se propose, telles sont les différentes questions que nous devrons étudier.

Quelque incomplète que puisse être notre étude, nous serions heureux qu'elle résume succinctement les diverses questions qu'il nous faudra étudier et qu'elle ne soit pas totalement dépourvue d'intérêt pour ceux qui voudront bien en prendre connaissance.

CHAPITRE PRÉLIMINAIRE

Histoire de la législation sur la tuberculose.

Suivant les périodes dans lesquelles on se place, il semble que le législateur ait fait de la tuberculose tantôt une maladie contagieuse, tantôt un vice rédhibitoire. Cette différence d'appréciation a évidemment deux causes : la première, c'est le manque de sûreté dans les connaissances vétérinaires ; la seconde, c'est le désir constant du législateur d'édicter des mesures et plus précises et plus sérieuses.

Hâtons-nous de remarquer que ce n'est qu'à une époque récente que remontent les premières préoccupations législatives en ce qui concerne la tuberculose.

Et d'abord ni les arrêts du Conseil du roi, ni les ordonnances qui ont précédé la Révolution [1], n'en

---

1. Voir pour la date de ces arrêts ou ordonnances le *Journal officiel*, Sénat, Annexes, 402, 18 décembre 1878.

faisaient mention, si ces divers textes édictaient des mesures sévères pour empêcher le développement des maladies contagieuses, elles gardaient le plus profond silence sur la tuberculose.

Sous l'empire des articles 1641, 1642, 1643 du Code civil, la tuberculose n'est pas encore l'objet des préoccupations du législateur qui, en n'abrogeant pas les anciennes coutumes, semble s'être fait le complice volontaire de la diversité des jugements que l'on rencontre à cette époque.

La loi du 20 mai 1838 qui organisait la législation des vices rédhibitoires est, en somme, le premier document général que l'on trouve dans la loi française, et le rapporteur, M. Lherbette disait : « Les tribunaux n'auront plus, pour admettre ou pour rejeter une action en rédhibition, à examiner l'apparence, la gravité, l'incurabilité, les effets du vice allégué ; questions délicates ? Le vice est-il oui ou non compris dans la nomenclature de la loi ? L'action a-t-elle été oui ou non intentée dans les délais ? Voilà les seules questions à résoudre. » Parmi les vices énumérés comme donnant lieu à l'action rédhibitoire pour l'espèce bovine, nous rencontrons bien la phtisie pulmonaire. Il faudrait ici la compétence spéciale au médecin ou au vétérinaire pour savoir dire si la phtisie pulmonaire n'est pas une tuberculose dénommée sous une appellation

différente. La loi, dit M. Galtier[1], « en employant
le mot phtisie pulmonaire semblait vouloir que
l'affection fût plus particulièrement localisée aux
poumons; mais, comme le font remarquer la plupart des auteurs de médecine vétérinaire, il semble » que toute tuberculose quel que soit son siège
ait dû être considérée comme vice rédhibitoire et
qu'il ait pu y avoir lieu à rédhibition si l'on cons-
tatait sur le cadavre l'existence d'une péricardite
tuberculeuse. Tel était donc l'état de la législation
en 1838. Si l'on ne se trouvait point dans la même
incertitude qu'auparavant, l'on voit aisément qu'au
gré des vétérinaires experts on pouvait faire rentrer la tuberculose dans la nomenclature de la loi
de 1838 ou l'en exclure avec la même facilité.

Il devait s'écouler de longues années avant que
la maladie dont nous nous occupons fût de nouveau l'objet des préoccupations du législateur. Les
lois de 1866 et de 1871 qui fixaient des indemnités
au cas d'abatage d'animaux atteints de maladies
contagieuses, ne trouvaient pas leur emploi, la
tuberculose n'ayant pas le caractère exigé par ces
lois.

La science se modifiait encore sous l'empire de
nouvelles découvertes, les anciennes prescriptions

---

1. Voir Galtier, *Traité des maladies contagieuses*, p. 473.

ne parurent plus suffisantes et c'est pour remédier à cet état de choses que fut déposé, le 4 novembre 1878, par M. Teisserenc de Bort, un projet de loi dû à l'initiative du Comité consultatif des épizooties [1].

Au mois de décembre 1878, un nouveau projet était encore déposé, mais il devait aboutir cette fois à la loi du 21 juillet 1881 qui s'occupait exclusivement des maladies contagieuses, interdisait la vente des animaux contaminés et prononçait des peines sévères contre ceux qui ne se conformaient point à ses prescriptions. Dans son article 13 elle énumérait ces maladies, mais restait muette sur la tuberculose.

La loi du 21 juillet 1881 ayant organisé la législation des maladies contagieuses, il fallait modifier celle qui concernait les vices rédhibitoires, car plusieurs maladies considérées comme telles, étaient maintenant devenues des maladies contagieuses. Cette modification fut l'objet de la loi du 2 août 1884, qui supprimait complètement les vices rédhibitoires pour l'espèce bovine, et dans son article 12, § 2, faisait cesser la garantie légale en matière de vente d'animaux destinés à à la boucherie.

---

1. *Journal officiel*, Annexes, Sénat 1878, n° 402.

L'incertitude législative dans laquelle on se trouvait alors fut l'origine de nombreux procès dont nous étudierons plus loin les péripéties. Il devenait impossible de rester dans cet état de choses, la tuberculose faisait des progrès constants et la médecine vétérinaire tendait à lui attribuer le caractère de maladie contagieuse.

La loi du 21 juillet 1881 disait dans son article 2[1] : « Un décret du Président de la République, rendu sur le rapport du Ministre de l'agriculture et du commerce, après avis du comité consultatif des épizooties, pourra ajouter à la nomenclature des maladies réputées contagieuses, dans chacune des espèces d'animaux énoncés ci-dessus, toutes autres maladies contagieuses dénommées ou non qui prendraient un caractère dangereux ». C'est en exécution de cet article et sur le rapport de M. Viette, ministre de l'agriculture, qu'en date du 28 juillet 1888, fut signé, par le président de la République, un décret ajoutant la tuberculose dans l'espèce bovine à la nomenclature des maladies contagieuses donnée par la loi de 1881 et la soumettant à toutes les prescriptions qu'elle renferme.

Le législateur avait évidemment pris des mesures plus sérieuses, mais qui ne devaient point encore

---

1. Voir la loi du 21 juillet 1881.

satisfaire les exigences de l'heure présente. Certains demandeurs hésitèrent à accepter cette solution et cherchèrent à rattacher encore la tuberculose à la loi de 1884. Les tribunaux eux-mêmes hésitaient à faire produire tous ses effets à la loi. Certains exigeaient, pour reconnaître la nullité de la vente d'un animal tuberculeux, la preuve de la mauvaise foi du vendeur[1]. La Cour de cassation, au contraire, prononçait la nullité du contract et semblait indiquer par la précision de ses conclusions que la vente dut être nulle sans qu'il fut besoin de prouver la mauvaise foi du vendeur[2]. Toutes ces lacunes préoccupaient les esprits, et M. Darbot déposa au Sénat, le 11 mars 1890, un amendement qui ne fut pas admis[3]. Mais le 21 décembre 1892, MM. Darbot, Canne, Brunet, Bizot de Fonteny, Bernard, Danelle, Bernardin reprirent l'ancien amendement de M. Darbot. Le rapporteur, M. Darbot, après avoir indiqué le but et la portée de la proposition de ses collègues, donna lecture au Sénat de l'arrêt de la Cour de

1. A titre docum. citons, Trib. de Die, 6 déc. 1889 ; Pontoise, 4 août 1890 ; Nevers, 31 déc. 1890.)

2. Cour de Cass. (Chambre de req., 3 juin 1891 ; *Gaz. des Trib.*, 11 juin 1891, renvoi à la Chambre civile, arrêt de cette Chambre, 20 juillet 1892 ; Sir., 1892, 1, 394.

3. Voir *Journal Officiel* du 11 mars 1890.

cassation du 20 juillet 1892 qui avait cassé le jugement du tribunal de Nevers du 31 décembre 1890.

La première délibération eut lieu le 18 janvier 1894 et la proposition de loi fut adoptée sans
discussion[1].

Lors de la deuxième délibération, le 29 janvier 1894[2], M. Demôle déposa un amendement
qui était presque un contre projet. M. Darbot voulait que l'acheteur d'un animal malade puisse toujours avoir raison de son vendeur sans condition
de délai, à la charge pour lui de prouver que la
maladie avait pris naissance chez le vendeur.
M. Demôle trouvait qu'il était impossible de laisser l'action en nullité soumise au délai de dix ans
et il développait, dans une argumentation aussi
serrée que nette, tous les inconvénients qu'il
voyait dans ce délai vraiment trop long et proposait un délai de trente jours pour l'action civile et
de quarante-cinq jours pour l'action publique.

La commission présidée par M. de la Sicotière
repoussa l'amendement de M. Demôle, mais proposa le délai de quatre-vingt-dix jours pour demander la nullité de la vente. Le 24 avril 1894[3], à la

---

1. Sénat, séance du 18 janvier 1894, *Offic.* du 19 janvier
page 30.

2. Sénat, séance du 29 janvier 1894, *Offic.* du 30 janvier
page 70.

3. Sénat, séance du 24 avril 1894, *Offic.* du 25 avril.

lecture du rapport de la commission, M. Demôle retira son amendement et le projet de la commission fut adopté.

Transmis à la Chambre des députés, le projet de loi fut sérieusement étudié, une commission fut nommée par elle, mais cette dernière trouva encore trop long le délai de quatre-vingt-dix jours et le réduisit à quarante-cinq. Ce délai était du reste celui auquel le comité consultatif des épizooties et la Société des agriculteurs de France avaient donné leur entière approbation. Le délai ne devait point être le même au cas de non abatage, qu'au cas d'abatage, aussi la Chambre des députés trouvât-elle bon de réduire le délai à dix jours, en cette circonstance, sans que toutefois l'action puisse être introduite après le délai de quarante-cinq jours après la vente. Mais c'est ici que ce projet de loi devait faire une innovation relative à la tuberculose; sur l'initiative de MM. Clédou et Dulau il fut ajouté un paragraphe où il était dit : « En ce qui concerne la tuberculose dans l'espèce bovine la vente ne sera nulle que lorsqu'il s'agira d'un animal soumis à la séquestration ordonnée par les autorités compétentes ».

M. Mougeot déposa son rapport le 29 juin 1895, la Chambre l'adopta sans discussion et le transmit au Sénat le 1ᵉʳ juillet.

Au Sénat, M. Darbot déposa son rapport le

9 juillet, et le 11 juillet, après quelques observations faites par M. Lourties seul, au sujet du commentaire fait par M. Darbot sur l'amendement de MM. Clédou et Dulau, le Sénat adopta la proposition telle que la lui avait renvoyée la Chambre des députés.

La loi fut promulguée le 31 juillet 1895; c'est elle qui règle actuellement la vente des animaux de l'espèce bovine atteints de tuberculose.

Suffisait-il de défendre la vente des animaux tuberculeux pour enrayer complètement les progrès de cette terrible maladie? Évidemment non. La loi de 1895 avait été élaborée trop rapidement pour être complète et pour donner satisfaction aux difficultés qui se présentaient journellement; elle devait donner naissance à des projets de modification que nous étudierons plus loin sous la rubrique des projets de modifications à la loi de 1895. Le législateur travaillait aussi de longue main, mais avec une lenteur que l'on ne peut que déplorer, à l'élaboration de la loi sur la police rurale. C'est cette loi, promulguée le 21 juin 1898[1],

---

1. Le projet de cette loi, déjà adopté par le Sénat le 18 mars 1890 et le 1er avril 1898, et avec quelques modifications par la Chambre le 25 mars 1898, a été voté tel qu'il est revenu de la Chambre des députés, par le Sénat, le 3 juin 1898. *Journal officiel* du 4 juin 1898.

qui fixe dans son article 52 les conditions dans lesquelles il pourra être accordé des indemnités aux propriétaires d'animaux de l'espèce bovine atteints de tuberculose.

Tels sont les documents législatifs que nous rencontrons en la matière; nous nous permettons de regretter leur petit nombre et de constater à nouveau qu'au détriment des intérêts de l'hygiène et de l'agriculture, les Chambres préfèrent s'adonner à des discussions politiques qu'à la confection d'une législation utile et pratique.

Souhaitons que dans peu de temps toutes les lacunes existantes soient comblées et qu'au lieu de documents épars et vagues, nous nous trouvions en face d'une législation réellement complète.

PREMIÈRE PARTIE

POLICE SANITAIRE

CHAPITRE PREMIER

Obligation de la déclaration. — Que faut-il entendre par le mot suspect?

L'article 3 de la loi du 21 juillet 1881, auquel renvoie le décret de 1888 et qui est devenu l'article 31 de la loi du 21 juin 1898, s'exprime ainsi : « Tout propriétaire, toute personne, ayant à quelque titre que ce soit, la garde d'un animal atteint ou soupçonné d'être atteint de l'une des maladies contagieuses prévues par les articles 29 et 30, est tenu d'en faire immédiatement la déclaration au maire de la commune où se trouve l'animal ». Le législateur prescrit donc la déclaration au simple

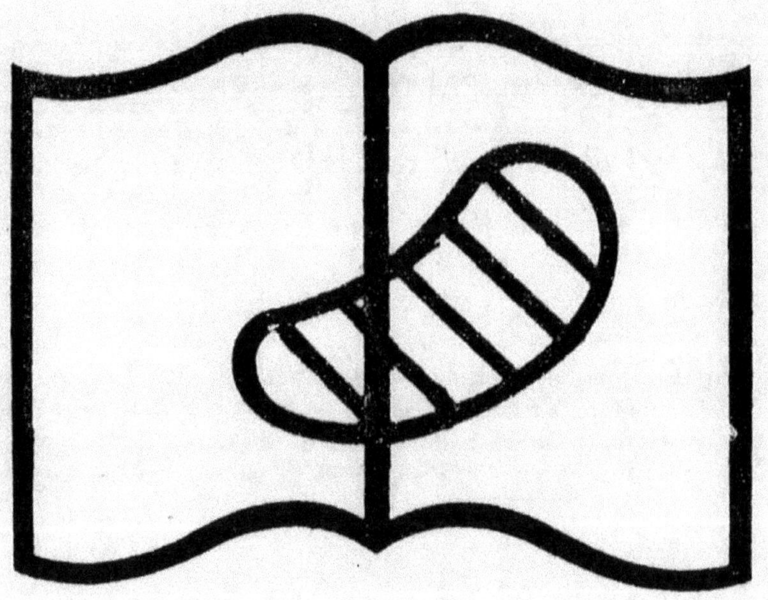

Illisibilité partielle

cas de suspicion, mais il n'indique point ce qu'il faut entendre par animal suspect.

La jurisprudence a été saisie dans ces dernières années d'une affaire qui prouve combien l'obscurité de la loi à cet égard est regrettable.

Un habitant de l'arrondissement de Cosne, achète en foire une vache, dont le veau avait été vendu le même jour à un boucher. Le veau abattu, le boucher constate à l'équarrissage quelques lésions organiques de tuberculose; ces lésions étaient de peu d'importance, puisque le service sanitaire d'inspection des viandes à l'abattoir, ne s'était nullement opposé à la livraison de ces viandes à la consommation. Le boucher prévient amicalement le détenteur de la vache des observations qu'il a recueillies et lui fait soupçonner que cette dernière peut être atteinte de tuberculose. Ne voulant point rester dans le doute, l'acheteur de la vache, usant du lait qu'elle donnait pour la nourriture de ses enfants, la fait examiner par deux vétérinaires qui la déclarent indemne de tuberculose. Ainsi rassuré, le propriétaire ne fait point de déclaration au maire de la commune, mais quelques jours après, il est dénoncé par le vétérinaire sanitaire de la circonscription et traduit devant le tribunal correctionnel de Cosne comme n'ayant point respecté les prescriptions énoncées à l'article 3 de la loi de 1881. Le tribunal lui fait application de l'article 41 de la même loi et le condamne à 30 francs d'amende.

Le propriétaire ainsi condamné, fait appel devant la Cour de Bourges, il allègue sa bonne foi évidente et soutient que s'il n'a pas déclaré au maire de sa commune la suspicion dont son animal était l'objet de sa part, il n'a point violé les prescriptions de la loi puisqu'il a fait examiner l'animal par deux vétérinaires qui ont conclu à la non existence de la tuberculose. Devant ces considérations, la Cour de Bourges infirme le jugement du tribunal de Cosne.

Il semblait qu'après l'arrêt de la Cour de Bourges, toute discussion à cet égard eut dû être terminée ; mais le procureur général, n'acceptant point les conclusions de la Cour, porte l'affaire devant la Cour de cassation qui conclut au renvoi devant la Cour d'Orléans et réforme l'arrêt de la Cour de Bourges en ces termes : « Attendu, que tout en reconnaissant que M. avait, durant plusieurs jours, soupçonné sa vache d'être atteinte de tuberculose, la Cour de Bourges, pour prononcer le relaxe du prévenu, s'est fondée sur ce qu'il avait fait visiter sa bête par deux vétérinaires qui lui avaient déclaré qu'elle ne présentait pas les symptômes de la tuberculose et a ajouté que celui-ci n'était pas tenu de faire une déclaration, du moment où il avait été reconnu que sa bête n'était pas malade.

« Attendu, qu'il ressort de la loi de 1881 que ce n'est pas seulement dans le cas où un animal est atteint d'une maladie contagieuse que le propriétaire doit faire une déclaration; que le simple soupçon de l'existence de la maladie rend cette déclaration obligatoire; que le législateur n'a pas voulu laisser au propriétaire ou au détenteur le soin de s'assurer de la réalité de l'affection soupçonnée, qu'il a exigé de lui, dès que le soupçon se produit, une déclaration immédiate et a enjoint au maire qui l'a reçue de faire visiter l'animal par le vétérinaire chargé du service de la police sanitaire.

« Qu'il suit de là, que la nécessité de la déclaration ne saurait être subordonnée au résultat de l'examen dont l'animal soupçonné peut être l'objet de la part des vétérinaires appelés par le propriétaire [1] ».

La Cour d'Orléans, à son tour, le 13 décembre 1898, s'est prononcée dans le même sens que la Cour de cassation, dont elle reproduit presque entièrement les conclusions et n'acceptant point les moyens de la défense qui soutenait, qu'au cas de tuberculose, il n'existe de soupçon légal que sur l'animal qui a cohabité avec d'autres bovidés

1. Arrêt du 8 janvier 1898.

sur lesquels la tuberculose a été constatée par
l'autorité sanitaire compétente; elle a déclaré que
le tribunal de Cosne avait fait au prévenu une
juste application de la loi de 1881 (art. 41) et
elle a confirmé son jugement [1].

Les arrêts de la Cour de cassation et de la Cour
d'Orléans ont justement ému le monde agricole.
La Société des agriculteurs de France s'est plus
particulièrement occupée de la question et elle a
chargé M. Nocard de déposer sur ses bureaux un
rapport à ce sujet. M. Nocard a rappelé, dans son
étude, que l'obligation de la déclaration remontait
à l'arrêt du Conseil du roi du 16 juillet 1784 et que
le Comité consultatif des épizooties a émis l'avis
que le propriétaire d'un animal suspect a fait son
devoir quand, avant de faire la déclaration, il a
fait appeler son vétérinaire au premier soupçon.

M. Nocard a enfin déclaré que, pour lui, il ne
saurait y avoir suspicion, si les symptômes recueil-
lis ne peuvent être sûrement rattachés à une maladie contagieuse. C'est dans ces circonstances que
la Société des agriculteurs de France a émis le
vœu que le mot *suspect*, employé par la loi, soit
nettement défini et qu'il ne puisse être appliqué

2. *Journ. de la Société des agr. de France*, 15 janv., 1er février, 1er mars 1899 et *Rev. vétér.*, 1er janvier et 1er mars
1899.

qu'aux animaux présentant des symptômes ou des lésions qui ne pourraient être rattachées à une maladie réputée non contagieuse ; après avoir examiné les conséquences d'une pareille jurisprudence, elle a souhaité qu'un règlement d'administration publique vienne promptement donner quelques indications en la matière.

Pour nous, il est de toute évidence que la Cour de cassation et la Cour d'Orléans ont strictement appliqué les termes de la loi ; la suspicion existait dans l'espèce, puisque le propriétaire de l'animal avait successivement consulté deux vétérinaires ; mais la loi ne doit pas toujours être appliquée avec ses pires conséquences [1]. Nous ne voyons pas alors où finiront toutes les tracasseries que l'on pourra exercer à l'égard des malheureux propriétaires, et pourquoi le fait de vendre un bovidé quelconque ne sera-t-il pas considéré, par un mauvais plaisant, comme un cas de suspicion capable de soulever tout le mécanisme judiciaire. Sans doute, il ne faut pas sacrifier aux agriculteurs les intérêts de l'hygiène et de la salubrité, mais il

1. D'autant plus, qu'au moment du vote de la loi de 1881, le rapporteur, M. Boulay, avait soutenu que la suspicion légale ne peut exister que s'il y a eu cohabitation de l'animal suspect avec d'autres animaux déjà contaminés.

ne faut pas non plus tomber dans l'exagération contraire.

Le pouvoir législatif s'est lui aussi occupé de la question et, le 2 mars 1899 [1], M. de Saint-Quentin, après avoir rappelé les faits que nous venons de citer, a demandé à M. Viger, ministre de l'agriculture, ce qu'il pensait à ce sujet. Le ministre a répondu qu'à son avis la Cour de cassation avait justement interprété la loi de 1881, mais que tout en approuvant au point de vue juridique l'arrêt précité, il se plaisait à reconnaître qu'il était nécessaire d'apporter quelques éclaircissements relatifs à l'analyse du mot suspect. Le ministre de l'agriculture a ajouté que la définition du mot suspect, malgré tout le soin que l'on pourrait apporter à le rédiger, risquerait de ne point prévoir toutes les hypothèses et d'être, par cela même, fort incomplète. « Une définition incomplète, a-t-il dit, aurait pour conséquence de limiter l'effet de la loi et, en outre, en la donnant, l'administration s'arrogerait le droit d'interprétation qui n'appartient qu'aux tribunaux. » Comme gage de satisfaction, M. Viger s'est montré disposé à compléter la loi ou à indiquer, dans un règlement d'administration publique, la portée de la

1. *J. of,* du 3 mars 1899, p. 603. Chambre des députés.

suspicion visée par la loi; il a enfin reconnu qu'il serait convenable d'indiquer aux vétérinaires sanitaires que la dénonciation, surtout au cas de bonne foi, semble dépasser les attributions que la loi leur a dévolues.

A la séance du Sénat du 23 mars 1899 [1], malgré toute l'insistance que M. Milliès-Lacroix a bien voulu mettre au service de cette cause, pourtant si juste, on n'a pu obtenir du ministre de l'agriculture que des paroles de promesses.

Quelles que soient les modifications apportées au texte de la loi et leur mode, il importe qu'elles ne se fassent point attendre. La théorie de la Cour de cassation produirait son plein effet et on ne peut que regretter qu'abandonnant le texte de la loi elle n'ait pas laissé les circonstances dicter aux juges une solution moins sévère.

On objectera peut-être à notre interprétation que les faits que nous venons d'énoncer ne sont pas l'expression de la vérité et le ministre de l'agriculture lui-même en a contesté l'authenticité au Sénat le 23 mars 1899 [2], mais peut-on admettre que la Cour de Bourges n'eut point tenu compte de la

1. *J. of.* du 24 mars 1899; Débats parlementaires. Sénat, p. 335.

2. Sénat. Débats parlementaires. *Journal officiel* du 24 mars 1899, p. 335.

mauvaise foi dont on semble accuser la partie condamnée par le tribunal de Cosne.

Pourquoi le législateur oblige-t-il le propriétaire
à déclarer la suspicion dont son animal est l'objet ?
C'est afin de le mettre sous la surveillance du vétérinaire sanitaire, qui indiquera à l'intéressé le
moment où le maintien de cet animal dans son
écurie peut devenir un danger pour lui et pour les
animaux qui cohabitent avec l'animal contaminé.
C'est enfin pour l'empêcher de le vendre, ou pour
le rassurer pleinement s'il y a lieu.

La mise en observation des animaux atteints ou
suspects de tuberculose, est une des mesures les
plus indispensables et les plus nécessaires d'une
bonne législation. On ne peut que se réjouir de la
trouver au premier rang dans la loi française et de
voir la sévérité des pénalités édictées par la loi du
21 juillet 1881 à l'égard de ceux qui n'accompliront
point les prescriptions établies.

CHAPITRE II

De quelques prescriptions particulières.

Toutes les prescriptions que nous venons d'étudier ne sont pas les seules qu'ait édictées le législateur, il en est d'autres qui, moins importantes, méritent cependant d'être signalées.

L'article 9 de l'arrêté ministériel du 28 juillet 1888, avait bien envisagé toutes les mesures à prendre pour arrêter le développement de la tuberculose et en avait confié l'exécution au préfet. L'article 10 dit même que l'animal ne pourra être déplacé si ce n'est pour être abattu, mais il ne donnait ni à l'autorité préfectorale, ni à l'autorité municipale le pouvoir d'ordonner l'abatage d'un animal tuberculeux ; le propriétaire ne pouvant le vendre, pouvait s'il le voulait, le laisser mourir chez lui. La loi de 1895 commettait la même omission et c'est la loi du 21 juin 1898, dans son article 36, qui est venue réparer cet oubli.

Art. 36. Dans les cas de morve, de farcin, de tuberculose dûment constatés, les animaux doivent être abattus sur ordre du maire ; quand il y a contestation sur la nature de la maladie entre le vétérinaire sanitaire et le vétérinaire que le propriétaire aura fait appeler, le préfet désigne un troisième vétérinaire conformément au rapport duquel il est statué.

Ce n'est que sur un certificat ou mieux encore, ce n'est que sur une mise en demeure du vétérinaire sanitaire que le maire pourra prendre l'arrêté d'abatage ; une circulaire du 30 octobre 1898, donne aux vétérinaires des instructions précises et fixe les conditions où ils doivent requérir l'abatage. La seconde partie de l'article 36 de la loi de 1898, disant qu'au cas de désaccord au sujet de la maladie entre le vétérinaire sanitaire et le vétérinaire de la partie, le préfet désignera un troisième vétérinaire, consacre à nouveau la pratique qui veut qu'en cas de différend, l'arbitre définitif soit nommé par l'autorité.

L'article 43 de la loi de 1898 dit que les viandes provenant d'animaux qui ont dû être abattus comme atteints de tuberculose, ne pourront être livrées à la consommation qu'en vertu d'une autorisation spéciale du maire, sur l'avis conforme écrit et motivé délivré par le vétérinaire sanitaire. Le même article ordonne la destruction des viscères. Le maire doit aussi adresser immédiatement au préfet une copie de l'autorisation qu'il a accordée.

L'article 42 de la même loi s'appliquant à toutes les maladies contagieuses doit donc viser la tuberculose. Il prévoit l'hypothèse où l'animal est mort de tuberculose, dans ce cas le législateur considère la consommation des viandes comme dangereuse et il la défend purement et simplement. Les cadavres des animaux doivent encore aux termes de cet article être enfouis dans les vingt-quatre heures et recouverts de chaux vive de telle façon que la couche de terre au-dessus du cadavre ait au moins un mètre d'épaisseur.

Pour ce qui est de l'utilisation des peaux, l'article 42 de la loi de 1898 étant muet en ce qui concerne celle des peaux d'animaux atteints de tuberculose, il faut s'en rapporter à l'article 12 de l'arrêté ministériel du 28 juillet 1888 et penser qu'elle n'est permise qu'après la désinfection.

L'article 13 de l'arrêté de juillet 1888 interdit la vente et l'usage du lait provenant de vaches tuberculeuses. Le lait pourra seulement être utilisé sur place pour l'alimentation des animaux après avoir été bouilli.

Cette pensée du législateur est assurément fort louable, mais est-elle d'une application pratique ? Nous ne le pensons pas. On peut bien empêcher en ville la vente du lait des vaches tuberculeuses, si la tuberculose se traduit par quelques symptômes faciles à reconnaître à l'analyse du lait, mais comment obtenir que le lait ne soit pas vendu à la campagne, ou qu'il ne soit utilisé pour l'alimentation des animaux qu'après avoir été bouilli. Les habitants de nos campagnes sont les ennemis-nés de toutes les précautions et rien ne leur répugne comme les minuties, si surtout ils n'encourent aucune pénalité en ne les pratiquant pas.

Deux autres prescriptions établies par la loi du 21 juin 1898, peuvent encore être considérées comme lettre morte et comme un simple passe-temps pour les fouilleurs du Code. Ce sont celles contenues dans les articles 53 et 54.

L'article 53 s'exprime ainsi : « En cas d'épizooties, et à défaut des propriétaires, le maire désigne un enclos, dans lequel devront être portés et enfouis, dans les conditions prescrites par les deuxième et troisième paragraphes de l'article 42, tous les cadavres des animaux contaminés.

Enfin, l'article 54 défend de faire paître aucun animal sur le terrain d'enfouissement affecté aux cadavres d'animaux morts de maladie contagieuse ou de livrer à la consommation les fourrages qui pourraient y être récoltés.

La première de ces deux prescriptions sera rarement observée, car peu nombreuses sont les com-

munes qui ont un terrain affecté à l'usage que
prévoit le législateur, et en admettant que ce terrain n'appartienne pas aux communes, pour s'en
tenir au texte de la loi, le maire pourra-t-il obliger
le propriétaire à enfouir son animal à tel endroit
plus tôt qu'à un autre et enfin à le clore.

Quant à la seconde, elle nous semble aussi difficile que la première à observer.

Si les communes ne sont pas propriétaires du
terrain affecté aux enfouissements, comment empêcher le propriétaire de laisser paitre ses animaux sur un terrain contaminé et de livrer les
fourrages récoltés à cet endroit à la consommation.

Dans les campagnes, on enfouit les animaux
dans les champs, loin des habitations, mais quand
l'assolement l'exige, on ne se préoccupe point de
savoir si le terrain ensemencé renferme le cadavre
d'un animal contaminé.

Notons encore qu'aux termes de l'article 31 de
la loi de 1898, il est interdit de transporter et d'enfouir le cadavre d'un bovidé tuberculeux avant
que le vétérinaire l'ait examiné. Le maire peut
cependant, au cas d'urgence, donner une autorisation spéciale pour l'enfouissement. Tous les
vétérinaires appelés à visiter l'animal, vivant ou
mort, sont également tenus de faire la déclaration.

Enfin, d'après l'article 32 de la même loi, les
maires doivent s'assurer de l'accomplissement des
prescriptions contenues à l'article 31 et y pourvoir d'office.

Toutes ces prescriptions établissent nettement
toute l'attention que le législateur a voulu apporter à la confection de la loi et toutes les mesures
énergiques qu'il a entendu prendre pour arrêter
le développement des maladies contagieuses et de
la tuberculose puisqu'elles lui sont applicables,
mais elles ne sont, pour la plupart, qu'un indice des
formalités auxquelles on s'attache aujourd'hui et
elles sont, d'après nous, dénuées de tout esprit
pratique.

CHAPITRE III

De l'indemnité accordée par le législateur
aux cas de tuberculose.

L'interdiction prononcée par le législateur de
vendre ou de mettre en vente les animaux atteints
ou suspects de tuberculose devait bien arrêter le
commerce de ces animaux, mais cette mesure ne
devait pas être considérée comme suffisante. Les
agriculteurs et les commerçants, dont la mauvaise
foi peut être difficilement prouvée, au lieu de déclarer la maladie dont ils redoutaient le germe
chez leurs animaux, se hasardaient à les vendre
escomptant la lenteur avec laquelle se développe
la tuberculose ou mieux encore l'inexpérience d'un
acheteur peu au courant des formalités de la procédure ou forclos par l'écoulement des délais.

A côté de ces vendeurs peu scrupuleux, il pouvait
y avoir des propriétaires qui n'osaient point mettre
leurs animaux en vente et, n'osant point non plus

les abattre, les conservaient chez eux. Oublieux des funestes conséquences que leur indécision pouvait amener ils s'exposaient à laisser développer chez eux une maladie qu'ils auraient eu tout intérêt à enrayer.

Le seul moyen qui restât au législateur pour essayer d'enrayer les progrès de la tuberculose était d'encourager les propriétaires à rechercher s'ils avaient chez eux des animaux contaminés, à faire constater la suspicion dont ils étaient l'objet et à les faire abattre volontairement en leur accordant une indemnité proportionnelle à la perte subie.

Dans l'ancienne loi, un arrêt du 18 décembre 1774 ordonnait l'abatage des animaux contaminés et autorisait les intendants à donner aux propriétaires le tiers de la valeur qu'aurait eu l'animal. Dans les généralités de Bordeaux et d'Auch pour encourager l'abatage des animaux contaminés, l'indemnité représentait la valeur entière de l'animal sacrifié. L'invasion des coalisés de 1815 devait donner le jour à l'ordonnance du 27 janvier de la même année qui reprenait la base établie par l'arrêt du 18 décembre 1774. Les lois du 20 juin 1866 et de 1871 adoptaient la même quotité et fixaient toujours l'indemnité accordée aux trois quarts de la valeur de l'animal avant la maladie.

La loi du 21 juillet 1881 accordait une indemnité aux propriétaires d'animaux au cas de peste bovine, elle était des trois quarts de la valeur de l'animal avant la maladie, et elle variait suivant les circonstances au cas de péripneumonie contagieuse.

Le principe de l'indemnisation, n'étant pas nouveau, il fallait l'appliquer à la tuberculose. La chose semblait facile, mais avant de réaliser ce progrès il fallut discuter bien souvent, et ce n'est que grâce au concours de quelques zélés protecteurs de l'agriculture, et à leurs instances réitérées que cette idée est devenue une réalité.

Au cours de la législation de 1889, M. Henry Cochin, demanda à la Chambre de poser ce principe, mais sa demande n'amena aucun résultat.

Au cours de celle de 1893, M. Paul Hayez avait déposé une proposition de loi dont la teneur suit : Il est alloué aux propriétaires d'animaux abattus par suite de tuberculose ou de morve, une indemnité égale à la moitié de la valeur avant la maladie, sans que cette indemnité puisse dépasser 400 francs [1]. Malheureusement, la législature de 1893 prit fin avant que le projet ait été définitivement étudié.

Le 9 juillet 1895, M. Gadaud, ministre de l'agriculture, avait présenté à la Chambre des députés

---

1. *Rev. de la tuberculose*, 1894. 31 déc., p. 372.

un projet de loi dont l'article 21 s'exprimait ainsi :
« Dans le cas de saisie totale ou partielle pour
cause de tuberculose des viandes provenant des
animaux abattus, il est alloué aux propriétaires une
indemnité ainsi réglée : 1° Le quart de la valeur de
la viande saisie, si l'animal a été abattu par ordre
du préfet ; 2° La moitié de la valeur de la viande
saisie, si l'animal a été livré à la boucherie dans le
délai prévu et n'a présenté aucun signe de tuberculose. La saisie des viandes, dans tous les autres
cas, ne donne lieu à aucune indemnité[1]. Ce projet qui faisait suite au projet qu'avait eu M. Gadaud, de rendre obligatoire l'emploi de la tuberculine fut, comme les autres, sans résultat.

Au moment de la discussion du budget de 1897,
MM. Clédou, Harriague Saint-Martin, Du Hal-
gouet, proposèrent un amendement au chapitre
des indemnités à accorder à propos des maladies
contagieuses. Cet amendement prévoyait une
somme de 30.000 francs pour indemnité au cas de
tuberculose. Tout en reconnaissant la nécessité du
principe, la commission du budget le combattit et
il fut repoussé.

Il ne restait qu'un pas à faire pour que le législateur se décidât, enfin, à admettre définitivement

____

1. *Rev. de la tuberculose*, 1895, Oct., p. 266.

le principe de l'indemnisation au cas de tuberculose et pour couper court à toute discussion à cet égard, M. Méline annonça, au moment du dépôt du rapport du budget de 1898, comme une modification importante, la réforme qui devait permettre d'accorder des indemnités au cas de tuberculose [1].

Le principe fut voté sans discussion (Loi du 13 avril 1898, art. 81); restait à examiner si le chiffre évaluatif de 400.000 francs paraissait suffisant. M. Denis proposa alors un amendement ayant pour objet d'augmenter de deux millions le chiffre proposé par la commission. Pour donner plus de force à son argumentation, il compara l'abatage obligatoire à une expropriation et soutint que comme au cas d'expropriation pour cause d'utilité publique l'état devait indemniser celui qui fait abattre son animal, car la santé et l'hygiène publiques sont les premières à en retirer de nombreux avantages. On objecta bien à M. Denis, que l'assimilation de cette indemnisation avec celle qui a lieu pour cause d'expropriation ne pouvait être exacte, car si la communauté se met au lieu et place du propriétaire pour en jouir dans le cas d'expropriation, elle le dépossède d'un

---

1. *J. off.* Annexes. Année 1897. Chambre des députés, p. 1951.

objet sans valeur, non pour en jouir, mais pour le détruire au cas de tuberculose. MM. Lemire, Henry Cochin, etc., demandaient, par un nouvel amendement, l'augmentation d'une somme de 800.000 francs seulement. Au nom du gouvernement, M. Lavertujon combattit ces deux amendements et M. Denis retirant son premier amendement, ne demanda plus alors qu'un million d'augmentation. La priorité fut admise en faveur du dernier amendement de M. Denis et il fut adopté par 369 voix contre 168.

Le crédit voté par la Chambre fut donc de 1.400.000 francs. Le Sénat ne modifia pas le chiffre adopté.

La loi du 21 juin 1898, dans son article 52 qui est l'œuvre de la Chambre des députés, s'exprime ainsi : « Dans le cas de saisie de viandes pour cause de tuberculose, des indemnités seront accordées aux propriétaires qui se seront conformés aux prescriptions des lois et règlements sur la police sanitaire. Le montant de cette indemnité sera réglé conformément aux proportionnalités établies par la loi des finances de l'exercice 1898.

Le principe de l'indemnité voté, recherchons d'après quelles bases cette dernière sera établie.

Le projet du gouvernement était celui-ci : « Le montant de cette indemnité sera égal au quart de la valeur de la viande saisie, au cas de tuberculose généralisée, et à la moitié de cette valeur, dans le cas de tuberculose localisée. »

M. Denis proposa de substituer à cette rédaction la formule suivante : « Le montant de cette indemnité sera égal au préjudice causé par la saisie ».

M. Dulau combattit à la fois et le projet du gouvernement et le texte proposé par M. Denis; il demanda que l'on appliquât à la tuberculose les mêmes bases d'indemnisation qu'à la péripneumonie.

M. Méline, ministre de l'agriculture, intervint dans la discussion; il déclara que le projet de M. Denis était inacceptable, car la loi n'obligeant point le propriétaire à abattre son animal [1], on ne ne saurait parler d'expropriation; il reprochait encore à M. Denis de vouloir donner une prime au développement de la tuberculose et, avec une cruelle ironie, il invoqua, pour faire repousser le projet de M. Denis, l'énormité de la dépense qui en résulterait.

M. Marcel Habert proposait de donner une indemnité à tous les cultivateurs qui conduiraient

[1]. M. Méline n'aurait point tenu ce langage à la date du 25 juin 1898, car la loi du 21 juin 1898 dit, dans son article 36, que, dans le cas de tuberculose dûment constatée, les animaux doivent être abattus par ordre du maire.

leurs animaux aux vétérinaires pour les soumettre à une épreuve de tuberculine [1].

Après les explications de M. Méline, M. Denis retira son amendement et se rallia à celui signé par MM. Clédou, Cassou, Lemire et ainsi conçu :

« Il est alloué aux propriétaires d'animaux abattus, par mesure administrative pour cause de tuberculose bovine :

« La moitié de leur valeur, si la tuberculose est généralisée ;

« Les trois quarts, si elle est localisée ;

« La totalité, s'il résulte de l'abatage que l'animal n'était pas atteint de tuberculose.

« Dans ces deux derniers cas, la valeur de la viande vendue par les soins du propriétaire, sous la surveillance du maire, sera déduite de l'indemnité prévue. »

Cette base fut adoptée par la Chambre des députés.

Au Sénat, la commission avait proposé certaines modifications et son projet admettait simplement l'indemnité du quart, au cas de généralisation, et de la moitié, au cas de localisation [2]. Sur un

---

1. *Journal off.*, Débats parlementaires, Chambre des députés, nᵒ du 14 mars 1898, p. 1246 et suivantes.

2. Débats parlementaires, Sénat, 1898. Séance du 4 avril, *Journ. of.* du 5, p. 596.

amendement de M. Legludic, elle se rallia au texte adopté par la Chambre et c'est celui qui est devenu l'article 81 de la loi de finances de 1898 auquel renvoie l'article 52 de la loi du 21 juin 1898.

Remarquons que la Société des agriculteurs de France qui s'occupait de la question, en même temps que les Chambres, avait émis le vœu que l'indemnité fut du tiers, au cas de tuberculose généralisée, et des deux tiers, au cas de tuberculose localisée ; elle avait même chargé sa commission de transmettre ce *desideratum* aux pouvoirs publics [1].

Si la base d'indemnisation n'est point la même au cas de peste bovine ou de péripneumonie qu'au cas de tuberculose, c'est que le développement de la tuberculose étant moins rapide que celui des autres maladies, le propriétaire peut souvent ignorer la contamination de son écurie.

L'article 52 de la loi du 21 juin 1898 dit encore que l'indemnité ne sera accordée qu'aux propriétaires qui se seront conformés aux prescriptions des lois et règlements sur la police sanitaire. Que faut-il entendre par ces mots. Sans nul doute, ces prescriptions sont celles établies par les arrêtés ministériels du 28 juillet 1888, 27 septembre 1896,

---

1. *Journ. des agr. de France*, 15 février 1898, p. 269.

reproduites dans la loi de de 1898 et obligeant les propriétaires d'animaux atteints ou suspects de tuberculose, à la déclaration, à l'isolement et enfin à la désinfection des étables contaminées.

Les proportionnalités établies par la loi de finances de 1898 nous obligent à prévoir deux cas.

1° Un propriétaire croyant un animal tuberculeux fait la déclaration au maire de sa commune, le vétérinaire sanitaire examine l'animal, mais ne reconnaissant pas de signes cliniques suffisants n'ordonne point l'abatage. Le propriétaire ne se tenant pas pour satisfait déclare qu'il fait abattre l'animal ; à l'autopsie, on constate une tuberculose localisée ou généralisée, il y aura lieu d'accorder les indemnités prévues dans les deux premiers cas, mais, si au contraire, il n'y a point de reconnaissance de tuberculose, le propriétaire n'aura droit à aucune indemnité.

2° Un propriétaire fait la déclaration. Le vétérinaire sanitaire fait un rapport qui oblige le maire à prendre un arrêté d'abatage. A l'autopsie l'animal ne présente aucun signe de tuberculose, l'indemnité sera totale, déduction faite du prix de la viande vendue.

La déclaration est absolument indispensable et par ce mot nous n'entendons pas simplement le fait d'avertir l'autorité préfectorale, mais il faut aussi que le vétérinaire ait été prévenu et qu'il ait été fait une évaluation antérieure de l'animal par le vétérinaire sanitaire et par la partie intéressée ou par un de ses représentants.

C'est ainsi qu'à la fin de 1898 un propriétaire des environs de Toulouse, soupçonnant un bœuf d'être atteint de tuberculose, prévient le préfet de la Haute-Garonne qu'il va faire abattre son animal. A l'abattoir les viandes sont saisies, une demande en indemnité est introduite, mais elle est refusée parce que les formalités dont nous venons de parler n'avaient pas éte remplies.

Si l'indemnité est plus forte au cas de tuberculose localisée qu'au cas de tuberculose généralisée c'est que dans ce dernier cas le propriétaire devait sous peu, supporter la perte totale occasionnée par la mort de son animal dans son écurie.

Pourquoi l'indemnité est-elle totale au cas d'abatage par mesure administrative, lorsqu'il est reconnu à l'autopsie que l'animal était indemne ? c'est que l'État doit justement supporter les conséquences d'une erreur commise par un individu qu'il commissionne et que le propriétaire ne peut point s'opposer à l'exécution de l'arrêté d'abatage.

C'est pour obvier aux dangers d'arrêtés d'abatage trop fréquents et pris mal à propos, sur le rapport de vétérinaires sanitaires peu experts, qu'une circulaire ministérielle du 31 octobre 1898 due à M. Viger et ayant pour but de commenter

l'article 36 de la loi de 1898 recommande de n'ordonner l'abatage que quand la tuberculose sera
diagnostiquée par des signes cliniques extérieurs
et non pas seulement au simple cas de réaction
obtenue grâce à la tuberculine. La même circulaire
indique les formalités à remplir pour obtenir l'indemnité afférente au cas où l'autopsie démontre-
rait que l'animal n'est point tuberculeux.

Le procès-verbal d'expertise devra être adressé
dans le délai de trois mois au ministère de l'agriculture et il devra être accompagné :

1° De la demande d'indemnité faite par le propriétaire ;

2° D'une copie, certifiée conforme par le maire,
de l'ordre d'abatage ;

3° D'un certificat constatant que l'arrêté d'abatage a reçu son exécution ;

4° D'une déclaration du propriétaire, faisant
connaître le produit de la vente des viandes. Cette
pièce devra être certifiée par le maire ou l'inspecteur de l'abattoir où l'animal a été sacrifié.

Une circulaire ministérielle du 23 mai 1898, avait
fourni quelques indications pour le règlement des
indemnités dans les autres cas.

La loi de finances de 1898 avait laissé quelques
lacunes qu'il importait de faire disparaitre. Elle
n'avait, en aucun cas, prévu de maximum d'indemnité et cette dernière, basée sur la valeur des vian-

des saisies, pouvait être plus ou moins importante suivant que le vétérinaire sanitaire s'était montré plus ou moins sévère dans son évaluation. La loi de finances de 1899 devait remédier à cet état de choses et modifier aussi la proportionnalité établie par la loi de 1898. Le projet voté par la Chambre réduisait au tiers de la valeur qu'avait l'animal, l'indemnité accordée au cas de tuberculose localisée et maintenait les bases connues dans les autres cas, mais il ajoutait : Cette indemnité ne pourra être supérieure à 200 francs pour le tiers de la valeur, à 450 francs pour les trois quarts et à 600 francs pour la totalité de la valeur. Le projet du budget prévoyait à cet effet une somme de 915.000 francs.

Toutes les modifications apportées par la Chambre ne passèrent pas inaperçues au cours de la discussion du budget au Sénat[1] M. Dorbat voulut même soutenir que la déclaration de l'existence de la tuberculose chez un animal vivant ne devait pas être nécessaire pour que le propriétaire ait droit à une indemnité dans le cas de saisie totale ou partielle.

M. Fortier fit remarquer combien à tort le projet voté par la Chambre fixait, dans son article 38, la

---

1. Sénat. Débats parl. du 26 mai 1899. *Journ. Off.* du 27 mai 1899.

totalité de la valeur d'un animal à un prix uniforme
de 600 francs. Il fit encore observer que l'indemnité totale n'étant accordée qu'au cas où l'animal a été abattu par mesure administrative et au
cas où il n'y a point reconnaissance de tuberculose, c'est-à-dire lorsqu'il y a eu erreur de diagnostic, la somme de 600 francs pouvait n'être point suffisante. Cette insuffisance, dit-il, est d'autant plus
regrettable que le propriétaire est la victime d'une
erreur commise par l'administration ou par son
agent, ce qui est inadmissible. C'est pourquoi
M. Fortier proposa de remplacer le dernier alinéa
par la rédaction suivante : « La valeur de l'animal
et le chiffre des indemnités seront fixés par des
experts nommés l'un par l'administration, l'autre
par le propriétaire de l'animal, et, au besoin, par
un tiers expert désigné par le président du tribunal de l'arrondissement. »

M. Viseur demandait à son tour, que les propriétaires qui n'ont pu faire de déclaration ne soient
pas complètement privés d'indemnité et voulait
qu'ils aient droit au moins au quart de la valeur de
l'animal, en cas de saisie totale, sans que ce quart
puisse dépasser 100 francs. Il faisait valoir, à cet
effet, des raisons d'humanité, mais non des raisons juridiques. Le ministre de l'agriculture combattit la thèse de M. Viseur disant, avec raison,
qu'il ne fallait pas confondre l'indemnité avec le

secours ; il soutint que si l'on entrait dans cette voie on démolirait tout le système des lois de police sanitaire et que les propriétaires, toujours sûrs d'avoir une indemnité, ne se conformeraient jamais aux prescriptions établies.

Le ministre de l'agriculture accepta par contre l'amendement de M. Fortier ; le Sénat, passant au vote, l'adopta sans autre modification que la suppression des mots, « et à 600 francs pour la totalité de la valeur. » Il admit aussi le chiffre évaluatif prévu dans le projet de la loi et voté par la Chambre.

La Chambre des députés consacra cette modification et la loi de finances du 30 mai 1899 s'exprime ainsi.

Ces indemnités seront réglées comme il suit :

« Au tiers de la valeur qu'avait l'animal au cas de tuberculose généralisée.

« Au trois quarts de cette valeur lorsque la maladie est localisée.

« A la totalité de la valeur de l'animal abattu par mesure administrative, s'il résulte de l'abatage que cet animal n'était pas atteint de tuberculose.

« Cette indemnité ne pourra être supérieure à 200 fr. pour le tiers et à 450 francs pour les trois quarts. »

Il résulte de cette nouvelle disposition législative que l'indemnité n'est plus basée sur la valeur

des viandes saisies comme l'indiquait la loi du
13 avril 1898, mais sur la valeur qu'avait l'animal
au moment de l'abatage. La circulaire ministérielle
du 23 mai 1898 étant sans objet, elle a été rempla-
cée par une nouvelle circulaire de M. Dupuy, ministre de l'agriculture, en date du 3 août 1899.

Cette circulaire nous a paru intéressante et
comme en la matière elle donne les derniers renseignements nous croyons bon d'en donner un
résumé.

Elle indique les formalités à remplir pour l'ob-
tention des indemnités au cas d'abatage volontaire
et au cas d'abatage par mesure administrative.

Dans le premier cas, les demandes doivent être
adressées au préfet dans le délai maximum de
trois mois. Elle doivent être accompagnées :

1° De la demande de l'intéressé rédigée sur pa-
pier timbré et visée par le maire ;

2° D'une copie certifiée de la déclaration de la
maladie à la mairie. Cette pièce doit indiquer la
date exacte à laquelle la déclaration a été faite;

3° Du laisser-passer délivré par le maire pour
l'envoi de l'animal à l'abattoir lorsque cet animal
aura été déplacé pour être sacrifié;

4° Du procès-verbal d'expertise, dressé au moment de l'abatage, fait par le vétérinaire sanitaire
ou par le vétérinaire de l'abattoir et par un expert
désigné par le propriétaire ; indépendamment du

nom et de l'adresse du propriétaire, il contiendra l'indication du poids de l'animal sur pied. Ce poids devra être approuvé par le propriétaire et au cas de refus il en sera fait mention;

5° Du procès-verbal de saisie établi par le vétérinaire sanitaire ou par le vétérinaire inspecteur de l'abattoir; il contiendra l'étendue de la maladie, la nature des parties saisies et leur poids;

6° D'une déclaration du propriétaire faisant connaître pour chaque bête abattue le produit de la vente des chairs et des débris. Cette pièce devra être certifiée par le maire ou le vétérinaire de l'abattoir;

7° D'un certificat du vétérinaire sanitaire attestant que l'étable qui renfermait l'animal malade a été désinfectée, conformément aux prescriptions de l'arrêté du 1er avril 1898.

Dans le second cas les pièces à fournir sont :

1° La demande du propriétaire;

2° Le rapport du vétérinaire à la suite duquel l'abatage a été ordonné;

3° Une copie certifiée par le maire de l'ordre d'abatage;

4° Un certificat constatant que l'ordre d'abatage a été exécuté;

5° Un procès-verbal d'expertise;

6° Un procès-verbal d'autopsie;

7° Une déclaration du propriétaire, certifiée par

le maire ou le vétérinaire, du produit de la vente des chairs et débris.

Quant au règlement de ces indemnités en ce qui concerne les saisies de viande pour cause de tuberculose généralisée et les abatages par mesure administrative, il devra être effectué par l'administration du ministère de l'agriculture ; mais en ce qui concerne les saisies de viande pour cause de tuberculose localisée, il sera effectué par l'administration préfectorale.

Cette base n'a point été modifiée au moment de la discussion du budget de 1900, et la somme votée à cet effet est de 915.000 francs.

L'indemnité prévue par la loi de finances de 1899 pourra-t-elle être accordée au propriétaire d'un bovidé dont la vente aura été déclarée nulle ? Assurément, pourvu qu'après avoir repris son animal le propriétaire fasse la déclaration, cette solution ne peu point être mise en doute pour le cas où un bovidé tuberculeux après la proclamation de la nullité de sa vente serait l'objet d'un arrêté d'abatage injustifié.

A la séance du 4 avril 1898 [1], au Sénat, M. Milliès-Lacroix, sénateur des Landes, demanda a M. Méline, ministre de l'agriculture si on accorde-

---

1 *Journ. off.*, Sénat, n° du 5 avril 1898.

rait une indemnité au cas de saisie des viandes, au propriétaire qui, *proprio motu*, ferait abattre son animal. M. Méline répondit affirmativement. M. Milliès-Lacroix contesta cette opinion soutenant qu'à moins d'abatage par mesure administrative l'indemnité est subordonnée à la déclaration. Que faut-il penser de cette opinion? La bonne foi de M. Méline ne pouvait être mise en doute, mais l'honorable ministre de l'agriculture se trompait, la loi du 21 juin 1898 exige que le propriétaire se soit conformé aux prescriptions des lois sur la police sanitaire et dans cette hypothèse, les prescriptions établies n'ont pas été observées. Nous avons vu dans la discussion du budget de l'agriculture au Sénat, en 1899, que M. Viseur a essayé de convaincre le ministre et le Sénat tout entier à cet égard, mais que sa demande n'a point été prise en considération. La législation actuelle ne peut laisser de doute et la circulaire ministérielle du 3 août 1899 est formelle sur ce point.

DEUXIEME PARTIE

De la Vente d'Animaux tuberculeux

***

CHAPITRE PREMIER

Des actions accordées à l'acheteur d'un bovidé tuberculeux sous l'empire des diverses lois.

***

Si nous avons ainsi dénommé ce chapitre, c'est qu'il nous a paru de la plus haute importance, avant d'étudier dans tous leurs détails toutes les modifications apportées par la loi du 31 juillet 1895 à la réglementation de la vente d'un animal tuberculeux, de rechercher quelles actions et quels moyens de défense l'acheteur d'un bœuf tuberculeux pouvait faire valoir sous l'empire des diverses lois. Pour la clarté du chapitre nous le diviserons en paragraphes. Les uns n'attireront notre attention que brièvement ; les autres, ceux qui auront trait aux lois du 2 août 884, au décret de 1888 et à la loi du 31 juillet 1895, seront l'objet de plus longs développements.

§ I. — CARACTÈRE DE L'ACTION AVEC LA LOI DU 20 MAI 1838.

La loi du 20 mai 1838 dont le but était d'établir une législation uniforme pour les vices rédhibitoires, employait le mot de phtisie pulmonaire. Nous avons déjà parlé de la divergence des opinions qui veulent, les unes que la phtisie pulmonaire soit un pseudonyme de la tuberculose, les autres que la tuberculose ne soit point une phtisie. Nous avons dit aussi que l'application de la loi de 1838 à la tuberculose dépendait de l'appréciation des vétérinaires experts. Mais un fait certain c'est que si l'on comprend la tuberculose dans l'énumération donnée par la loi de 1838, l'action accordée à l'acheteur est une action rédhibitoire.

§ II. — L'ACTION EN GARANTIE EXISTE-T-ELLE AVEC LA LOI DU 2 AOUT 1884.

Sous l'empire de la loi du 2 août 1884, la question devient plus difficile à trancher. On sait que la loi de 1884 avait rayé des vices rédhibitoires la phtisie pulmonaire, dans quelle situation se trouvait donc l'acheteur d'un bœuf tuberculeux ?

Nous nous trouvons ici en présence de deux opinions absolument contraires.

La première soutenait la thèse invoquée longtemps auparavant, à propos de la loi de 1838, à savoir qu'en matière de vente d'animaux domestiques les articles 1641 et suivants ne pouvaient être appliqués, que toute la législation sur ce point consistait dans la loi de 1884 et que cette dernière étant muette au sujet de l'espèce bovine, la garantie ne pouvait exister.

La seconde, au contraire, s'appuyant sur le silence de cette loi en ce qui concerne l'espèce bovine, ne pouvait point admettre la suppression radicale des vices rédhibitoires pour une espèce aussi importante et voulait que l'espèce bovine fut soumise à l'application des articles 1641 et suivants qui devaient constituer le droit commun, d'autant plus que la loi du 2 août 1884 n'était pas une loi d'ordre public et que la lecture seule de l'article premier de cette loi ne pouvait laisser aucun doute à cet égard. MM. Aubry et Rau avaient soutenu cette opinion au sujet de la loi de 1838 et pensé, que restant sans application aux animaux d'autres espèces que celles dénommées dans la loi, il fallait en ce cas appliquer les articles 1641 et suivants [1].

1. AUBRY et RAU. T. IV, p 386, note 2.

La jurisprudence elle-même fut longtemps hési-
tante.

La Cour de cassation avait bien admis dans deux
arrêts du 7 avril 1846 et du 6 décembre 1855 [1], que
la loi de 1838 n'était applicable qu'aux espèces
qu'elle visait et qu'elle constituait le droit commun en matière de vente et d'échange d'animaux
domestiques, mais on ne voulait point se rendre à
l'évidence.

Certains tribunaux oubliant la jurisprudence de
la Cour de cassation, continuaient à penser que
malgré le silence de la loi de 1884, il fallait appliquer les articles 1641 et suivants, c'est ce qui ressort des jugements du tribunal de commerce de
Lyon, du 20 novembre 1884; du tribunal de commerce de la Seine du 26 août 1885; du tribunal de
commerce de Nogent-le-Rotrou, du 9 mai 1890 et
du tribunal de Villeneuve-sur-Lot, du 25 juillet 1892 [2].

Il fallut à nouveau la haute autorité de la Cour
de cassation pour parvenir à une jurisprudence
unanime. Celle-ci, dans trois arrêts, en dates des

1. Sirey, 1846, 1, 298. Sirey, 1855, 1, 600.

2. Voir *Journal le Fermier*, 4 mai 1885. *Gazette des Tribunaux*, 15 décembre 1885. Sirey, 91, 2, 241. Sirey, 93, 2,
31.

10 novembre 1885, 23 mars 1887 et 20 décembre
1887 [1], décidait que la loi de 1884 constituait le
Droit commun, et qu'à défaut de stipulations contraires de la part des contractants, l'acheteur d'un
bovidé tuberculeux, ne pouvait intenter ni l'action
rédhibitoire, ni l'action *quanti minoris*. Certains
tribunaux suivant l'exemple de la Cour de cassation prononcèrent aussi des jugements en ce sens [2].

M. Guillouard, dans son traité de la vente et de
l'échange [3], se range lui aussi à cette opinion.

MM. Watrin et Boutet dans leur traité des vices
rédhibitoires n°ˢ 55 et 57, ne sont pas moins expli-
cites : « ils soutiennent que la loi de 1884 a sup-
primé toute garantie pour les vices dont elle ne
parle pas et qu'elle constitue le droit commun ».

Pour nous, nous ne pensons pas qu'il puisse en
être autrement, et tout d'abord la loi de 1884 dit,
à la fin de son exposé, que toutes les dispositions
contraires à son esprit sont abrogées. Pure formule, nous dira-t-on, ou mieux encore, formule
obligatoire. Qu'importe, ne doit-on pas appliquer

---

1. Sirey, 86, 1, 53. Sirey, 87, 1, 160. Dalloz, 88, 1, 84.

2. Tr. c. de Loudun, 5 décembre 1887. Dalloz, 88, 5,
278. Cour d'Orléans, 2 janvier 1889, Pandectes françaises,
89, 2, 22. Tr. c. de Pontoise, 4 août 1890. *Gazette du pa-
lais*, 91, 1, 311.

3. GUILLOUARD T. II, n° 492.

les dispositions de la loi dans toute leur rigueur, et cette disposition n'existe-t-elle pas. L'article premier de la loi dit : « l'action en garantie dans les ventes et échanges d'animaux domestiques sera régie, à défaut de conventions contraires, par les dispositions suivantes ». La première partie de la phrase n'indique-t-elle pas clairement que le législateur a voulu faire de la loi de 1884 une loi de Droit commun et non une loi d'exception. Le législateur n'a-t-il pas encore pris la peine de préciser que les règles qu'il édicte ne sont point un empêchement à la stipulation de conventions contraires ; cette précaution du législateur devrait, ce nous semble, suffire pour couper court à toute discussion, et pour soutenir, comme l'on a fait, que les articles 1641 étaient applicables, il faudrait, à notre avis, que leur application ait été stipulée.

Enfin, si l'on recherche dans les travaux préparatoires de la loi, quelles sont les préoccupations auxquelles le législateur a obéi, la solution que nous admettons semble seule logique.

La loi de 1884 est une reproduction de la loi de 1838; si elle supprime de son énumération certains vices, c'est qu'elle ne veut point qu'ils puissent donner lieu à l'action rédhibitoire. C'est ce qui ressort clairement du rapport déposé au Sénat

par M. Labiche, le 25 juillet 1881 [1]. C'est dans ce
même rapport que M. Labiche s'exprime ainsi au
sujet de la tuberculose. « Cette maladie spéciale à
l'espèce bovine est caractérisée par le dépôt dans
les poumons, de tubercules qui ressemblent à de
petites pommes; elle est fréquente chez les vaches
laitières. Il est impossible à l'expert le plus habile
de distinguer cette maladie des autres maladies de
poitrine, pendant la vie de l'animal. Ce vice a toujours été l'occasion des fraudes les plus nombreuses. La mise en fourrière et les frais du procès
dépassent presque toujours la valeur de l'animal,
ainsi que le rappelle l'exposé des motifs. Dans
tous les pays d'élevage, dans les Basses-Pyrénées
comme en Bretagne, on fait entendre contre l'abus
que les marchands font de ce vice les réclamations
les plus vives et les mieux justifiées ».

M. Maunoury à son tour dans son rapport à la
Chambre des députés disait : « Il ne faut pas s'ef-
frayer de ce que la liste des vices rédhibitoires est
restreinte. Le vendeur y trouve plus de sécurité s'il
est de bonne foi car le dol le rend responsable de
tout vice quel qu'il soit. Quand à l'acheteur il a toujours le droit de se garantir par des conventions

1. Rapport de M. Labiche au Sénat, déposé le 25 juillet 1881. Annexes Sénat, août 1882, p. 582.

particulières ». M. Maunoury n'ajoute-t-il pas plus loin que la Commission a reçu diverses communications concernant la phtisie pulmonaire qui tendaient à la faire écarter.

Telles sont les formules employées par les rapporteurs des deux Chambres pour expliquer les restrictions de la loi de 1884.

Ce bref exposé de la question nous oblige à penser, qu'en ce qui concerne la tuberculose, malgré l'opinion contraire, cette terrible maladie n'a jamais pu donner lieu, ni à l'action rédhibitoire, ni à l'action *quanti minoris*.

La loi de 1884 prenait encore des mesures plus radicales en supprimant, dans son article 12, la garantie exceptionnelle imposée aux vendeurs d'animaux destinés à la boucherie. Comment se fait-il donc que c'est précisément la vente d'animaux tuberculeux destinés à la boucherie qui souleva de nouvelles difficultés ?

La Cour de cassation, dans trois arrêts en dates du 10 novembre 1885, 23 mars 1887 et 20 décembre 1887 [1] semblait, comme nous l'avons dit plus haut, vouloir appliquer à la tuberculose l'article 1641. C'est qu'elle admettait qu'à côté de la garantie légale et de la garantie conventionnelle,

---

1. Voir DALL. 85, 1, 396 ; 88, 1, 28.

il y a place pour la garantie tacite, résultant de la nature même de la chose vendue et du but que s'étaient proposés les parties. Cette jurisprudence, surprenante au premier abord, nous semble absolument équitable, car l'acheteur, en prévenant le vendeur du but immédiat de son achat, semble demander une garantie tacite que le vendeur doit accorder s'il n'oppose aucune restriction à la vente.

Les trois arrêts que nous venons de citer eurent pour effet de diviser la jurisprudence des tribunaux qui indiquèrent, à ce sujet, trois solutions différentes.

Quelques-uns adoptèrent purement et simplement la jurisprudence de la Cour de cassation, mais ils exigèrent que la garantie tacite apparut aussi nettement que possible [1]. Pour si minime que fut le doute en ce qui concernait la stipulation de la garantie tacite, les tribunaux qui avaient adopté cette première manière de voir, refusaient d'accorder l'action en garantie. C'est ainsi que le tribunal d'Orléans décidait, le 2 janvier 1889, que l'acheteur d'un bœuf tuberculeux, ne pouvait intenter aucune action contre son vendeur, si

1. Trib. de com. de Bordeaux, 21 juin 88. *Rev. de Méd. vétérinaire*, 1888, p. 625 ; Tr. c. de Castelsarrasin, 14 août 1889. *Rev. de Méd. vétérinaire*, 1890, p. 190.

celui-ci avait eu la précaution de faire placarder des affiches annonçant qu'il se dégageait de toute garantie résultant de la vente des animaux lui ayant appartenu.

Le Tribunal de commerce de Verdun décidait aussi que la vente d'un animal à un acheteur qui n'exerce pas spécialement la profession de boucher, ne peut en rien obliger le vendeur à une garantie [1].

Quelques tribunaux, appliquant strictement la loi de 1884, soutinrent que les animaux destinés à la boucherie, ne pouvaient être, sauf conventions contraires, l'objet d'une garantie [2].

D'autres enfin, rattachèrent la vente de ces animaux aux articles 1641 [3]. M. Gallier, dans son *Traité des vices rédhibitoires* (page 664), se range à cette opinion.

De ces trois opinions, les deux premières semblent seules sérieuses. Nous nous sommes appliqué à démontrer que la loi de 1884 était une loi de droit commun, et qu'elle seule régissait la

---

1. Sirey, 91, 2, 241.

2. Tr. c. de Loudun, 3 déc. 1887, Dall., 88, 2-46 ; Tr. de Moulins, 9 juill, 1890; *Bulletin de la Soc. d'Agr. de l'Allier*, juill. 1890, p. 219.

3. Trib. de com. de la Seine, 19 juillet 1887. Dall., 88, 5-277 ; trib. de Nogent-le-Rotrou, 9 mai 1890, Sir., 91, 2-241.

vente des animaux domestiques. Il nous semble
complètement inutile de revenir sur cette discussion. Quant aux deux autres opinions, ne peut-
on pas les soutenir également. La manière de
voir de la Cour de cassation paraît plus équitable,
car elle laisse une influence prépondérante aux
circonstances qui ont présidé à la conclusion du
marché ; quant à la théorie qui a pour effet, comme
le veulent les tribunaux de Loudun et de Moulins, de supprimer toute garantie, bien qu'elle
applique textuellement la loi de 1884, elle a pour
nous le tort de ne pas admettre cette influence
prépondérante dont nous avons parlé en étudiant
la théorie de la Cour de cassation et à laquelle
nous accordons la préférence.

L'article 4 de la loi du 2 août 1884, dit qu'aucune
action en garantie ou en réduction de prix ne sera
admise, si le prix, en cas de vente, ou la valeur, en
cas d'échange, ne dépasse pas 100 francs. Pour les
ventes dont le prix ne dépasse pas 100 francs, de-
vait-on admettre la garantie tacite dont nous venons de parler ? Nous ne le pensons pas, le législateur a voulu réduire le plus possible les procès
auxquels donnent lieu la vente ou l'échange des
animaux domestiques, et le prix fixé par le législateur est trop minime pour qu'un acheteur ne puisse
point s'exposer à tous les risques que peut entraî-
ner son achat et le fait seul de voir le vendeur ac-

cepter un prix aussi modique, n'est-il pas un indice
suffisant de son refus de consentir à une garantie
tacite. Enfin, les termes employés par le législateur sont trop formels pour qu'on puisse con-
cevoir le moindre doute à cet égard, l'article 4 est
absolu et il s'applique, d'après nous, aussi bien
aux vices énumérés par la loi, qu'à ceux dont elle
ne parle point.

Concluons en disant que la garantie dans le cas
de tuberculose n'existait point avant la loi de 1884
et que si certains tribunaux l'ont admise, c'est
qu'elle est apparue comme une garantie tacite,
résultant des conditions qui ont précédé la conclusion du marché et du but que se sont proposés
les parties.

§ III. — CARACTÈRE DE L'ACTION APRÈS LE DÉCRET DU 28 JUILLET 1888.

Lorsque le décret du 28 juillet 1888 eut rangé la
tuberculose au nombre des maladies contagieuses,
il semblait que toute discussion aurait dû cesser.
L'article premier du décret s'exprimait ainsi : « Est
ajoutée à la nomenclature des maladies qui sont réputées contagieuses et qui donnent lieu à l'application des dispositions de la loi du 21 juillet 1881, la
tuberculose pour l'espèce bovine. » Le texte était

simple; il fallai. appliquer l'article 13 de la loi de 1881 et décider que la vente d'un bovidé tuberculeux était interdite. En rapprochant l'article 13 de la loi de 1881, de l'article 1598 du Code civil qui dit : « Tout ce qui est dans le commerce peut être vendu lorsque des lois particulières n'en ont pas interdit l'aliénation », les tribunaux devaient proclamer la nullité de la vente d'un bovidé tuberculeux. Quelques acheteurs essayèrent encore de demander la résiliation de la vente, mais leurs demandes furent considérées comme non avenues.

Ici encore la jurisprudence nous montre deux opinions contraires. Certains tribunaux admettaient bien la nullité de la vente et la prononçaient; mais d'autres, plus exigeants, demandaient la preuve de la mauvaise foi du vendeur ou la reconnaissance de cette mauvaise foi par un tribunal correctionnel.

Dans le premier sens, le tribunal de Nérac décidait, le 17 août 1892, que si « en fait, pour que le vendeur exécute les obligations de la loi de 1881, il faut bien qu'il connaisse la maladie contagieuse; en droit, au contraire, l'exécution d'une loi de salubrité publique ne peut être subordonnée à l'ignorance réelle ou feinte de l'intéressé, car, en ce dernier cas, il y aurait mauvaise foi, et qu'après avoir prononcé la nullité de la vente, il y aurait lieu à l'application de l'article 31 de la loi de 1881 [1]. »

En sens contraire, le tribunal de Nogent-le-Rotrou, en date du 9 mai 1890, soutenait que la vente d'un bovidé tuberculeux ne pouvait être nulle que s'il y avait une infraction constatée par le tribunal correctionnel [2].

Le tribunal de Nevers disait aussi, dans son jugement du 31 décembre 1890, que la nullité de la vente ne pouvait être invoquée que si le vendeur connaissait ou soupçonnait la maladie contagieuse de l'animal, et il ne voulait voir dans la loi de 1881 qu'une loi pénale [3].

La question était donc embrouillée, mais comme à quelque chose malheur est bon, le jugement du tribunal de Nevers devait, dans la suite, fixer la jurisprudence. Le plaignant, débouté de sa demande par le tribunal de Nevers, introduisit un pourvoi en cassation, soutenant qu'il ne faut pas se demander s'il y a eu bonne ou mauvaise foi chez le vendeur, mais si la maladie était oui ou non préexistante à la vente. Ce pourvoi fut admis par un arrêt de la Chambre des requêtes du 3 juin 1891. La Chambre civile, appelée a fixer l'opinion sur le

1. V. Dall. 93, 2, 73.

2. Sirey, 91, 2, 244. Dans le même sens, Trib. de Saint-Dié. Sirey, 91, 2, 241.

3. Sirey, 92, 1, 391.

point de savoir si un animal atteint de maladie contagieuse peut être vendu et si cette vente n'est pas nulle, alors que le vendeur ignorait la maladie affectant son animal et alors même qu'aucune poursuite spéciale n'aurait été dirigée contre lui pour infraction à la loi de 1881, décida, le 15 septembre 1892, que la loi de 1881, en interdisant la vente d'animaux atteints de maladies contagieuses, les met hors du commerce et que leur vente est nulle, que le vendeur ait connu ou ignoré l'existence de la maladie[1].

Nous ne nous expliquons point les jugements rendus par les tribunaux de Nogent-le-Rotrou et de Nevers. Subbordonner la nullité de la vente d'un bovidé tuberculeux à la mauvaise foi du vendeur, n'est-ce pas aller contre la pensée du législateur de 1881, qui n'a eu pour but que la diminution des maladies contagieuses? La mauvaise foi du vendeur est souvent difficile à prouver; il s'entoure de précautions minutieuses et bien rares seront les cas où sa prudence sera déjouée.

La loi de 1881 a aussi le caractère d'ordre public; n'est-ce pas dire qu'elle s'applique à tout le monde sans qu'il soit besoin de distinguer la bonne ou la mauvaise foi du vendeur et si dans les arti-

---

1. C de cass., SIREY, 92, 1, 394.

cles 31 à 41 elle édicte des pénalités, c'est pour les infliger au vendeur coupable de mauvaise foi. Ne serait-il pas injuste de traiter tous les vendeurs avec la même rigueur ? Leur situation n'est pas égale : si les uns ont droit à des ménagements, les autres doivent encourir des pénalités. M. Laurent [1] dit : « que si une disposition légale place des animaux hors du commerce, l'acheteur peut demander la nullité de la vente, indépendamment de toute fraude. » D'après M. Guillouard [2], l'animal atteint d'une maladie contagieuse prévue par la loi sanitaire est hors du commerce ; si le vendeur est de bonne foi, il échappe à la répression pénale édictée par la loi de 1881, mais il n'en a pas moins fait ce que l'article 13 de cette loi interdit et aliéné une chose hors du commerce.

Pour MM. Watrin et Boutet, la vente des animaux atteints de maladies contagieuses est nulle comme contraire à l'ordre public, non seulement elle est rescindable, mais elle ne se forme pas malgré la volonté des parties, la propriété de l'objet vendu n'est pas transférée ; la vente est inexistante.

M. Baudry-Lacantinerie pense aussi que les

---

1. V. LAURENT. *Droit civil*, t. XXIV, § 282.

2. GUILLOUARD. *Traité de la vente*, t. 2, nᵒˢ 506 et 529.

actes faits malgré la prohibition de la loi sont inexistants.

Nous nous sommes rangé à cette opinion, en rapprochant simplement le décret du 28 juillet 1888, de la loi de 1881 et de l'article 1598 du Code civil.

M. Gallier, dans son traité des vices rédhibitoires[1], soutient que la loi de 1881 n'a pas mis les animaux atteints de maladies contagieuses hors du commerce, mais qu'elle a défendu aux propriétaires de les vendre; si ces animaux étaient hors du commerce, dit-il, ils seraient insusceptibles d'appropriation et le droit de propriété cesserait du jour où la maladie existerait. L'objection faite par M. Gallier n'est pas sérieuse, car la loi de 1881 a pris de telles mesures pour diminuer le droit du propriétaire d'animaux atteints de maladies contagieuses, que l'on peut se demander si ce droit existe. Le droit de propriété comprend celui de retirer de la chose que l'on possède tous les avantages que l'on peut envier, et c'est parce que le législateur a enlevé au propriétaire le droit de vendre que nous pensons que le droit de propriété n'existe pas en entier.

Ne paraît-il pas illogique et illégal d'exiger, pour

----

1. GALLIER. *Traité des vices rédhibitoires*, p. 729.

reconnaître la nullité de la vente, qu'une action préalable ait été intentée devant le tribunal correctionnel; l'exercice de l'action civile par la victime d'un délit ou d'un crime n'est pas subordonné à l'exercice de l'action publique contre le coupable, et la victime peut s'adresser séparément aux tribunaux civils.

Malgré l'arrêt de la Cour de cassation, certains tribunaux exigèrent encore la preuve de la mauvaise foi du vendeur. Citons, à titre de mémoire, le tribunal correctionnel de la Seine [1] et le tribunal civil de Coulommiers [2].

Telles sont les discussions auxquelles a donné lieu l'action accordée par la loi à l'acheteur d'un bovidé tuberculeux sous l'empire du décret de 1888; nous avons vu que si elles ont été nombreuses, elles n'étaient cependant pas bien difficiles à résoudre. L'action en nullité était seule admise, nous croyons l'avoir suffisamment démontré, en faisant voir que la loi était formelle sur ce point.

1. Tr. correctionnel de la Seine, 9 décembre 1892. *Gaz. des Trib.* 28 décembre 1892.

2. Tr. civil de Coulommiers, 13 j. 1893. *Gaz. des Trib.* 30 juin 1893.

§ IV. — CARACTÈRE ACTUEL DE L'ACTION AVEC LA LOI DU 31 JUILLET 1895.

C'est pour en finir avec toutes ces difficultés et pour rendre la législation plus nette que M. Darbot disait dans son rapport au Sénat le 18 janvier 1894 : « Nous demandons qu'il soit ajouté un paragraphe conçu en ces termes : et si la vente a eu lieu elle est nulle de plein droit, que le vendeur ait connu ou ignoré l'existence de la maladie dont son animal est atteint ou suspect »[1]. M. Darbot donnait aussi lecture du jugement du tribunal de Nevers et de l'arrêt de la Cour de cassation l'annulant il disait enfin que dorénavant il ne pourrait plus y avoir de doute sur la question et que la vente d'un animal atteint de maladie contagieuse devait être déclarée nulle. Il appuyait son idée sur l'article 1598 du Code civil que l'on devait appliquer avec toutes ses conséquences.

A la séance du 29 janvier 1894 au Sénat, M. Demole faisait quelques observations sur l'expression employée par M. Darbot « nulle de plein droit » et il disait : « je comprends très bien cette expression quand il s'agit de cette maxime que le mort saisit

---

1. Voir *Journ. off.*, 19 janvier 1894.

le vif ; mais quand il s'agit de nullité, il faut reconnaître que la nullité de plein droit, dans le sens juridique ne se proclame pas d'elle même, et qu'il ne dépend pas de celui qui l'invoque de la proclamer ». Il proposa alors de rédiger la loi d'une façon plus précise en insérant la formule, « l'acheteur pourra toujours faire prononcer la nullité de cette vente ». M. Demole avait raison et c'est pour lui donner gain de cause que le texte de la loi de 1895 dit : « nulle de droit ».

L'article premier de la loi de 1895 fut voté sans discussion, son énoncé étant clair il ne nous reste plus qu'à en étudier les effets.

La mise hors du commerce de l'article 1598 entraîne l'inexistence de la vente puisque celle-ci n'a plus d'objet ; il s'ensuit :

1° Qu'aucune des parties n'est tenue à accomplir les obligations imposées par le contrat de vente. Si après la vente, mais avant la livraison, le vendeur croit son animal atteint de tuberculose, il ne pourra être tenu de la livraison, à moins qu'il ne veuille perdre le caractère de vendeur de bonne foi ;

2° L'inexistence de la vente en rend la confirmation impossible, cette confirmation, au cas où elle se produirait serait nulle et exposerait tant le vendeur que l'acheteur aux poursuites et aux pénalités prévues par la loi de 1881 dans les articles 31 à 41 ;

3° Enfin la clause de non garantie ne serait d'aucun effet, car la loi interdit la vente des animaux atteints de tuberculose. Cette clause, si elle était connue, pourrait soulever la mise en œuvre de l'action publique et serait une preuve de la mauvaise foi des parties.

La loi de 1895 dit encore dans son article premier que la vente est nulle de droit, que le vendeur ait connu ou ignoré l'existence de la maladie dont son mal était atteint ou suspect. Les tribunaux n'auront donc plus à examiner si le vendeur est de bonne ou de mauvaise foi ; ils n'auront qu'à appliquer la loi, tout en respectant les conditions de recevabilité de l'action ; le législateur veut à tout prix enrayer le commerce des bovidés tuberculeux. Il ne faut pas croire cependant que la mauvaise foi du vendeur n'ait aucune influence juridique, loin de là, elle sera une circonstance aggravante et, en plus des pénalités qu'elle entrainera, elle peut aussi augmenter la gravité des dommages-intérêts dûs par le vendeur de mauvaise foi à son acheteur. Ainsi, au cas de nullité de la vente, tout vendeur de bonne foi sera tenu de restituer la somme perçue et d'indemniser l'acheteur des dépenses que lui aura occasionnées son achat; mais si le vendeur est de mauvaise foi, il pourra encore être tenu à des dommages plus grands, par exemple, à l'indemnisation de la perte éprouvée par l'acheteur par suite de la contamination de son écurie.

Il est une erreur juridique que l'on entend constamment commettre par nos braves paysans. Ils pensent qu'en vendant un bœuf tuberculeux pour un prix inférieur à 100 francs, ils ne s'exposent à aucune poursuite et à aucune garantie. C'est qu'ils ne connaissent point la législation des maladies contagieuses et la confondent avec celle des vices redhibitoires et cependant leur erreur n'est point excusable. La loi de 1884 et la loi de 1895 ont trait à deux matières différentes ; c'est du reste ce qu'a décidé le tribunal d'Amiens à la date du 16 mars 1897 [1].

Le législateur a donc voulu rendre l'action accordée à l'acheteur d'un bovidé tuberculeux de plus en plus grave et le caractère pénal de la loi du 21 juillet 1881 à laquelle renvoie la loi de 1895, démontre clairement l'importance qu'il a voulu lui donner. L'action en redhibition accordée par la loi de 1838 et supprimée, sauf le cas de garantie tacite par la loi de 1884, est devenue une action en nullité avec le décret du 28 juillet 1888 et avec la loi de 1895.

Le caractère de cette action répond-il à l'idéal de justice ; c'est ce que nous examinerons

---

1. T. c. d'Amiens, 16 mars 1897. SIREY, 1897, 2, 253.

quand nous apprécierons les effets de la loi de 1895. Nous verrons aussi dans la partie que nous réservons à l'étude des projets de modifications à apporter à la loi de 1895, si parmi eux il n'en est point qui aient un caractère plus équitable.

CHAPITRE II

Des conditions de recevabilité de l'action en nullité

Après avoir étudié quelles actions le législateur
français a accordé à l'acheteur d'un bovidé tuberculeux, il nous semble naturel d'en examiner les
conditions de recevabilité. Notre examen ne por-
tera que sur celles prévues par la loi de 1895,
l'étude de celles que prévoyaient la loi de 1838 et
les autres textes législatifs dont nous avons parlé,
nous ayant parue par trop rétrospective et dénuée
d'intérêt.

Toutes les conditions de recevabilité sont prévues par l'article premier, paragraphes 3 et 4, et
surtout par l'article additionnel, qu'ajoutèrent au
projet primitif MM. Ciédou et Dulau. Elles sont
ainsi formulées dans la loi.

« Néanmoins, aucune réclamation de la part de
l'acheteur pour raison de la dite nullité, ne sera
recevable.

1° Lorsqu'il se sera écoulé plus de quarante-cinq jours depuis le jour de la livraison, s'il n'y a pas eu poursuite du ministère public [1] ;

2° Si l'animal a été abattu, le délai est réduit à dix jours à partir du jour de l'abatage, sans que toutefois l'action puisse être introduite après l'expiration du délai de quarante-cinq jours. En cas de poursuite du ministère public, la prescription ne sera opposable à l'action civile comme au paragraphe précédent, que conformément aux règles du droit commun ;

3° Toutefois, en ce qui concerne la tuberculose dans l'espèce bovine, la vente ne sera nulle que lorsqu'il s'agira d'un animal soumis à la séquestration ordonnée par les autorités compétentes. »

On voit, à la lecture de ces conditions, que quelques-unes s'appliquent à toutes les maladies contagieuses et que la troisième vise seulement la tuberculose. Chacune de ces conditions et les difficultés que présente son application, fera l'objet d'un paragraphe spécial.

---

1. Le *Journal Officiel* du 2 août 1895, p. 4473, porte « s'il y a », mais c'est une erreur qui a été rectifiée dans la suite.

SECTION I

De la Séquestration

§ I. — A QUEL MOMENT DOIT SE PLACER LA SÉQUESTRATION

De toutes les conditions édictées par le législateur au sujet de la recevabilité de l'action en nullité, la condition de la séquestration est celle qui a donné lieu aux plus nombreuses discussions et aux plus diverses appréciations jurisprudentielles.

Nous trouvons ici trois opinions différentes qui ressortent nettement de la jurisprudence des tribunaux. Cette division a été adoptée par M. Lesage dans son *Traité de la vente des animaux de l'espèce bovine atteints de tuberculose*, et, bien qu'elle puisse nous faire accuser de manquer d'originalité, nous l'adoptons parcequ'elle nous paraît être la plus claire.

La première opinion veut que la vente ne soit nulle, que s'il s'agit d'un animal soumis à la séquestration avant la vente.

La seconde veut qu'il s'agisse d'un animal soumis à la séquestration après la vente.

La troisième admet la nullité de la vente pourvu que la séquestration l'ait précédée ou suivie.

Première opinion.

La vente ne sera nulle que si la séquestration a précédé la vente. C'est ainsi que le juge de paix de Navarrenx, le tribunal de commerce de Bayonne, le tribunal civil d'Orthez et le tribunal civil de Nantes[1] ont pensé que la séquestration devait être antérieure à la vente. La Cour de cassation dans son arrêt du 2 avril 1896 admet cette théorie[2]. Son arrêt est ainsi conçu dans ses principaux considérants : « Attendu que si la loi du 31 juillet 1895, en frappant d'une nullité de plein droit les ventes faites au mépris des interdictions qu'elle prononce, subordonne exceptionnellement au cas de tuberculose cette nullité à la constatation préalable de l'état suspect des animaux, par leur mise en surveillance administrative. » L'affaire fut renvoyée à la Cour de Bourges qui adopta la théorie de la

---

1. Justice de paix de Navarrenx, 29 janvier 1896. DALL. 1897, 2, 134. Tr. de com. de Bayonne, 29 novembre 1895. *Rev. vét.* 1896, 1. 28. Tr. d'Orthez, 9 juin 1896. *Gaz. des Tr.* 15 août 1896. Tr. civ. de Nantes, 12 décembre 1896. *Lois nouvelles*, 1897, 4, p. 85.

2. Rép. de police sanitaire. Année 1895.

Cour de cassation. Que faut-il penser d'une telle interprétation?

On a fait valoir à l'appui de cette thèse que le législateur s'est servi des mots soumis, ce qui indique un état de choses existant et qu'elle est en harmonie avec l'intention du législateur. On ajoute que si la vente pouvait être nulle au cas de séquestration postérieure à la vente, la loi en aurait fait mention. On invoque enfin le désir du législateur de réduire le plus possible le nombre des procès.

M. Lesage[1] fait observer à ce sujet, que les partisans de ce système semblent avoir voulu faire de la séquestration, une des conditions de nullité de la vente, alors qu'il semble plus juridique d'en faire une des conditions de la recevabilité de l'action.

La loi de 1895 pose en effet comme principe général, que la vente des animaux atteints de maladies contagieuses est nulle de droit, que le vendeur ait connu ou ignoré l'existence de la maladie ; elle parle ensuite des délais durant lesquels l'action sera recevable. Le paragraphe dont nous nous occupons venant après, fait suite

1. LESAGE. De la vente des animaux de l'espèce bovine, atteints de tuberculose, p. 29.

d'après nous aux conditions de recevabilité et non aux conditions de nullité. N'est-ce pas comme le dit encore M. Lesage « pour obvier aux inconvénients qui résulteraient de l'application rigoureuse de la loi que le législateur a imposé l'obligation de la séquestration ».

L'on sait que la tuberculose a un développement lent, que les signes cliniques auxquels on la reconnait sont rarement manifestes ; la séquestration imposée par le législateur n'a qu'un but, c'est d'assurer d'une façon plus catégorique et plus étroite l'observation de la maladie. Si l'on admet l'opinion des tribunaux précités, à quoi servirait la formule de l'article 1 « que le vendeur ait connu ou ignoré l'existence de la maladie. Si la séquestration doit précéder la vente, le vendeur pourra-t-il dire qu'il a ignoré la maladie dont son animal est atteint. Comment prouvera-t-il sa bonne foi ? Une telle interprétation laisserait supposer que le législateur a voulu établir des différences entre les cas de nullité de ventes d'animaux atteints de maladies contagieuses et les cas de nullité de ventes d'animaux tuberculeux. Cette différence ne ressort pas de l'esprit de la loi.

Les arguments que nous fournit le bon sens pour réfuter cette opinion ne sont pas moins probants. La séquestration doit précéder la vente nous dit-on. Nous répondrons que cette hypothèse est irréalisable, car il est interdit de vendre un animal séquestré. Quel est le propriétaire qui fera séquestrer volontairement un animal indemne de toute maladie contagieuse? Il se priverait de plein gré de la jouissance de son animal, et en admettant que l'animal soit séquestré pour cause de tuberculose, l'article 11 du décret de 1888 qui devient applicable dit : que tout animal tuberculeux ne peut être déplacé que pour être abattu sous la surveillance du vétérinaire sanitaire qui doit en faire l'autopsie. Si nous avons admis qu'il est impossible de trouver un vendeur dans de pareilles conditions, ne peut-on pas soutenir qu'il sera encore plus difficile de trouver un acheteur qui consente à ne prendre livraison de l'animal acheté que pour le faire abattre, si son achat avait un but de spéculation, ou s'il se proposait encore d'élever l'animal acheté.

Mais si l'on conçoit que le propriétaire d'un bovidé tuberculeux, ignorant les pénalités qu'il encourt, consente à vendre son animal, le moment venu, il ne pourra le livrer, l'animal se trouvant sous la surveillance des autorités sanitaires qui ne voudront point s'exposer pour leur part à des poursuites qu'il ne leur est pas permis d'ignorer. Dans tous les cas, les pénalités que les parties s'exposeraient à encourir, nous obligent à penser que jointes aux précautions minutieuses de nos agriculteurs et de nos marchands de bestiaux, ni les uns, ni les autres ne seront tentés de se lancer dans une voie aussi périlleuse.

Nous venons de démontrer que la vente d'un bovidé tuberculeux, séquestré avant le contrat de vente, ne peut exister que si les parties sont de mauvaise foi ; soutenir que la nullité de la vente dépend de cette séquestration antérieure, c'est supprimer le caractère pénal de la loi de 1881 auquel renvoie la loi de 1895, et un tel effet n'a jamais été dans les intentions du législateur.

La loi de 1895 est une loi d'ordre public, c'est dire qu'elle doit produire l'effet le plus efficace et le plus général. Que de ventes échapperont à la nullité qu'elle proclame, si l'on exige la séquestration antérieure à la vente. Les vendeurs seront-ils assez niais pour ne se débarrasser d'un animal tuberculeux qu'après l'avoir fait séquestrer. Si l'on interprétait ainsi les dispositions de la loi, le but du législateur ne serait point atteint, au lieu d'enrayer le commerce des bovidés tuberculeux, ce serait l'encourager.

M. Darbot ne disait-il pas dans son rapport au Sénat : « Lorsque l'acheteur d'une bête bovine aura acquis la certitude que celle-ci est tuberculeuse, il ne pourra se tourner du côté de son vendeur et l'amener à se mettre en son lieu et place qu'après avoir fait la déclaration prévue par la loi », il ajoutait : « cette obligation imposée à l'acheteur de ne poursuivre son vendeur qu'après avoir accompli les formalités de l'isolement et de la déclaration, aura pour conséquence de retrancher à tout jamais de la circulation toute bête reconnue tuberculeuse [1] ». Le langage de M. Darbot nous montre clairement que la séquestration ne doit pas nécessairement être antérieure à la vente.

On va nous objecter, que l'interprétation que nous donnons au paragraphe additionnel relatif à la tuberculose, n'est pas conforme au but que se sont proposés MM. Clédou et Dulau, dont l'intention était de n'autoriser la nullité de la vente qu'au cas de séquestration antérieure.

Nous partageons sur ce point l'opinion de nos contradicteurs, et du reste, peu de temps avant le vote de la loi de 1895, et quelques jours après, MM. Clédou et Dulau, trouvant que M. Darbot avait mal interprété au Sénat l'amendement dont ils étaient les auteurs, publièrent dans l'*Indépendant des Basses-Pyrénées* et dans la *Petite Gironde* [2], une série d'articles où ils cherchaient à expliquer la portée de leur amendement.

1. *Journal officiel*, 10 juillet 1895.

2. *Indépendant des Basses-Pyrénées*, 26 juillet 1895, et *Petite Gironde*, 20 août 1895.

M. Dulau fut encore, on peut le penser tout au moins, l'âme du rapport que la Chambre de commerce de Mont-de-Marsan adressa en date du 10 juin 1896 au ministre de l'agriculture [1]. Il ressort nettement de ce rapport que MM. Clédou et Dulau voulaient d'une façon détournée rayer de la liste des cas de nullité de vente, la vente d'un bovidé tuberculeux ; et c'est pour ce motif qu'ils ont proposé un article additionnel de préférence à une

---

1. Résumé du rapport Molères. Voir LESAGE, pages 40 et suivantes

Ce rapport, après avoir exposé dans sa première partie tous les inconvénients qu'avait eu la classification de la pomn.elière au nombre des vices rédhibitoires prévus par la loi de 1838, et la satisfaction ressentie en voyant que la loi de 1884 l'avait supprimée du nombre des vices rédhibitoires, parle du résultat fâcheux du décret de 1888, qui n'imposant aucun délai à l'action en nullité, donnait la possibilité d'attaquer des ventes pendant trente ans. C'est pour faire rapporter ce décret que MM. Clédou et Dulau se sont adressés à M. Viger, ministre de l'agriculture, qui n'a point écouté leurs légitimes supplications, mais poursuivant leur but ils ont déposé à la Chambre un amendement qui est devenu le paragraphe 5 de la loi de 1895. Ce paragraphe est net, il veut dire qu'en dehors des animaux séquestrés avant la vente, la nullité ne peut point être demandée. Dans ses conclusions le rapport émet l'avis que le seul remède efficace, c'est l'abrogation du décret de 1888, et le retour à la loi de 1884, il prie la représentation landaise d'être son interprète auprès du gouvernement pour amener ce résultat et invite au besoin les députés à déposer un projet de loi dans ce sens.

modification aux articles de la loi, modification qui aurait difficilement passée inaperçue. Ils déposèrent aussi sur le bureau de la Chambre, à la date du 27 juin 1896, une nouvelle proposition de loi[1], tendant à l'adoption de leur manière de voir.

Que nous importent la campagne de presse dont nous venons de parler, le rapport de la Chambre de commerce de Mont-de-Marsan et la proposition de loi de MM. Clédou et Dulau, puisqu'au moment de la discussion de la loi, M. Darbot a donné au Sénat une interprétation différente. M. Lourties, sénateur des Landes, fit seul quelques observations en ces termes : « Je suis tout disposé à voter le projet de loi, je crois cependant devoir faire quelques réserves sur les commentaires ajoutés par M. le rapporteur au paragraphe additionnel voté à la Chambre. Sans entrer dans les détails, je me borne à dire que je sais de source certaine qu'ils ne répondent pas à la pensée de M. Clédou ».

Mais le Sénat, ayant le dernier voté la loi après avoir entendu les explications de M. Darbot, il nous semble impossible d'admettre que la séquestration doive précéder la vente.

---

1. Annexes. Chambre des députés. Séances 27 juin 1896.

Deuxième opinion

Dans la deuxième opinion que nous avons énoncée, l'on soutient que la séquestration doit se placer après la vente. C'est le sens du jugement du tribunal civil de Marmande [1]. Ce jugement a le mérite de tenir compte plus exactement des explications du rapporteur au Sénat de la loi de 1895, mais il ne nous semble point devoir arriver au but que s'est proposé le législateur. Il ne comprend pas les cas de séquestration antérieure à la vente qu'avaient seuls visé les partisans de la première opinion.

Troisième opinion

Si les deux premières thèses avaient le tort d'être trop exclusives, la troisième, au contraire, les englobe toutes deux et admet que la séquestration peut précéder ou suivre la vente. Mieux que chacune des autres, cette opinion doit atteindre le but du législateur, qui est de faire disparaître de la circulation les bêtes tuberculeuses. La jurisprudence s'est généralement rangée à cette idée. Citons à titre de mémoire les jugements des

1. Tribunal civil de Marmande, 6 nov. 1895. *Rev. vét.*, 1895, 1, 29.

tribunaux de Patay, de Pau, de Verdun, d'Amiens, de Saint-Sever, de Castelsarrasin, de Gray [1], ceux des Cours de Pau et de Toulouse [2].

La Cour de cassation, après avoir admis que la séquestration devait se placer avant la vente, dans l'arrêt du 2 avril 1896 dont nous avons parlé, soutient elle aussi dans trois arrêts, en dates des 24 janvier, 16 février, 9 novembre 1898 [3], que la séquestration peut se placer avant ou après la vente. A la date du 9 novembre 1898, elle a rendu deux arrêts, l'un cassant le jugement du tribunal de Nantes, qui n'admettait la recevabilité de l'action que si la séquestration avait précédé la vente; l'autre, confirmant le jugement du tribunal de Saint-Sever. Dans le premier de ces arrêts, elle dit : « Attendu qu'aux termes de la loi de 1895, pour que l'acheteur d'un animal de l'espèce bovine atteint de

---

1. Trib. c. de Patay, 3 déc. 1895 ; de Pau, 12 déc. 1896. *Rev. vét.* 1896, 1, 21; Trib. c. de Verdun, *Gaz. des Trib.* 1er août 1896 ; d'Amiens, 16 mars 1897, *Gaz. des Trib.*, 18 juin 1897 ; de Graye, 2 avril 1897 ; de Saint-Sever, 20 mai 1897; de Caen, 31 mai 1897; de Castelsarrasin, 30 juill. 1897, Sir. 1897, 2. 253 ; de Bourgoin, 11 novembre 1898, journ. *La Loi*, 5 janv. 1899.

2. Cour de Pau, 24 mars 1896, *Gaz. des Trib.*, 6 mai 1896 ; Cour de Toulouse, 15 fév. 1898, *Gaz. des Trib.*, du 4 juin 1898.

3. *Gaz. des Trib.*, 17 déc. 1898.

tuberculose soit recevable à demander la nullité de la vente, il suffit que la formalité de la séquestration ait été remplie avant l'introduction de l'instance dans les délais légaux ».

La jurisprudence est donc complètement établie, maintenant que la Cour de cassation a modifié sa manière de voir, il ne peut plus y avoir de doute et la séquestration n'est point une condition de nullité, mais bien, comme nous l'avons pensé au commencement de cette discussion, une condition de recevabilité de l'action.

Arrêtons-nous donc à cette opinion, qui est plus juridique, plus équitable et plus conforme au but de la loi.

§ II. — QUE FAUT-IL ENTENDRE PAR AUTORITÉS COMPÉTENTES ?

L'article premier § 5 de la loi du 31 juillet 1895, ne se contente pas d'exiger, pour que la vente d'un bovidé tuberculeux soit nulle, que l'animal ait été soumis à la séquestration, il faut encore que cette séquestration ait été ordonnée par les autorités compétentes.

Que faut-il donc entendre par ces mots *autorités compétentes?*

Sur ce point encore les avis sont partagés, et

nous rencontrerons dans la jurisprudence deux doctrines opposées.

Un jugement du tribunal de Charolles[1], en date du 27 juin 1896, soutient que la seule autorité compétente pour ordonner la séquestration est le préfet. Ce jugement s'appuie sur l'article 9 du décret de 1888, où il est dit : « Lorsque la tuberculose est constatée sur des animaux de l'espèce bovine, le préfet prend un arrêté pour mettre ces animaux sous la surveillance du vétérinaire sanitaire. » La Cour de Toulouse, à la date du 15 février 1898[2], émet la même opinion.

Les jugements des tribunaux de Villefranche-d'Aveyron[3], de Bordeaux[4] et du tribunal de commerce de Loudun[5] sont moins exclusifs et attribuent, en la matière, au maire les mêmes pouvoirs qu'au préfet. Ils basent leurs jugements sur l'article 4 de la loi du 21 juillet 1881, qui prévoit pour le maire l'obligation de s'assurer de l'accomplissement des prescriptions contenues dans l'article 3 et le devoir d'y pourvoir d'office s'il y a lieu.

---

1. V. journ. *Le Droit*, 19 août 1896.
2. *Gazette des Tribunaux*, 4 juin 1898.
3. *Rép. de pol. sanitaire*, 1896, p. 32.
4. *Rép. de pol. sanitaire*, 1897, p. 170.
5. *Rép. de pol. sanitaire*, 1897, p. 312.

Un jugement du tribunal de Dax (19 mai 1897)[1] soutient que le législateur, n'ayant point formellement indiqué ce qu'il entend par autorités compétentes, il suffit que l'animal soit isolé, en vertu des dispositions de la loi de 1881, pour que l'action soit recevable; peu importe que ce soit le préfet, le maire ou le vétérinaire choisi par l'acheteur qui ait ordoané la séquestration.

La jurisprudence, par le plus grand nombre de jugements que l'on rencontre en ce sens, semble donc admettre que le maire ou le préfet sont les autorités compétentes.

M. Conte, dans son *Traité de jurisprudence vétérinaire*, ne reconnaît point pour sa part la compétence de l'autorité municipale. « On comprendrait, dit-il[2], que le maire fut compétent, si son intervention était la conséquence d'un rapport du vétérinaire sanitaire; or, il n'en est rien et le maire ne prescrit la séquestration que sur les indications de l'acheteur. » M. Conte ajoute que ce n'est que sur le rapport du maire qu'intervient la visite du vétérinaire sanitaire et que ce n'est que grâce aux constatations de ce dernier que le préfet peut prendre un arrêté de séquestration; alors

1. Voir DALLOZ, 98, 2, 387.
2. *Traité de jurisprudence vétérinaire*, 1898, p. 260.

seulement, conclut-il, la séquestration sera valablement et véritablement prescrite. Pour lui encore, le but de la loi de 1895 est de restreindre le
plus possible le nombre des procès; il ne voit
non plus aucun mal à ce que le préfet apporte un
retard plus ou moins grand à prendre l'arrêté de
séquestration; et, en vétérinaire plus qu'en juris-
consulte, soutenant que la tuberculose ne peut se
diagnostiquer d'une manière précise si ce n'est
par l'autopsie, s'appuyant encore sur une circulaire ministérielle du 4 août 1897, qui décide que
les bovidés qui, sans présenter des signes cliniques
de tuberculose, réagiront néanmoins à l'injection
de la tuberculine, ne doivent pas être considérés
comme tuberculeux; il conclut que le maire ne
peut point prendre un arrêté de séquestration.

M. Conte objecte encore, que les travaux préparatoires de la loi contribuent puissamment à donner à son opinion un caractère d'équité et de légalité.

Nous ne partageons point quant à nous, l'opinion émise par le tribunal de Charolles et par la
cour de Toulouse; et nous pensons qu'il vaut
mieux attribuer au maire et au préfet la compétence
nécessaire pour ordonner la séquestration.

Et tout d'abord, à l'idée émise par M. Conte
que les travaux préparatoires de la loi semblent
confirmer son opinion, nous répondrons que l'on

ne trouve, ni dans les discussions du Sénat, ni dans celles de la Chambre des députés, la moindre indication qui permette de conclure plutôt dans un sens que dans l'autre.

Le rapporteur de la loi de 1895 disait au Sénat, le 9 juillet 1895 [1], « il ne pourra se tourner du côté de son vendeur et l'amener à se mettre en son lieu et place, qu'après avoir fait la déclaration qui entraînera la visite de l'animal par l'agent sanitaire de la circonscription, puis un arrêté d'infection pris par le préfet sur le rapport de cet agent. Il ajoutait « qui ne sent que le vendeur en présence d'actes administratifs lui donnant toute sécurité au point de vue de la compétence et de l'impartialité, ne pourra faire autrement que de transiger avec son acheteur. »

Sans doute, il ressort bien de ces termes que le préfet est compétent, mais il n'est pas évident que sa compétence soit exclusive. L'arrêté d'infection dont parle le rapporteur de la loi au Sénat, s'applique à une quantité plus ou moins grande de bovidés tuberculeux et non à un seul animal et ce n'est point parcequ'un animal isolé sera tuberculeux que le préfet prendra un arrêté d'infection et puis enfin s'il faut discuter sur les mots, la déclara-

---

1. *Journal Off.* du 10 juillet 1895, page. 780.

tion d'infection, n'est pas un arrêté de séquestration. Nous comprenons qu'un arrêté d'infection est
une chose trop grave par ses conséquences pour
que le maire puisse le prendre ; l'autorité municipale pourrait souvent agir sous l'empire d'influen-
ces qui ne seraient point absolument dégagées
d'impartialité, mais pour la séquestration d'nn
animal isolé, cette crainte ne doit pas être envi-
sagée avec la même rigueur. M. Conte soutient
encore que, si le maire est compétent pour ordonner la séquestration sur une simple déclaration de
l'auteur, c'est en somme ce dernier qui prendra
l'arrêté de séquestration. Quel mal y a-t-il à
cela ? Ce n'est point parce que l'animal sera séquestré que la vente sera nulle, on doit observer
la bête suspecte, et, si les observations recueillies
pendant la séquestration ne sont pas concluantes,
l'acheteur sera débouté de sa demande. On objectera
encore à notre opinion, que notre manière de voir
est un encouragement à des procès multiples et
sans fin ; est-ce que que l'acheteur débouté ne sera
point tenu des frais de séquestration et de la procédure, une telle menace ne sera t'elle point pour
lui un avertissement pour qu'il ne se lance pas à
l'improviste dans une voie grosse de frais et d'en-
nuis.

Nous trouvons encore un autre avantage à éten-
dre la compétence à l'autorité municipale ; c'est la

rapidité avec laquelle l'arrêté de séquestration
pourra être pris. Dans le cas qui faisait l'objet de
l'arrêt rendu par la cour de Toulouse, la déclaration avait été faite par l'acheteur à la date du 8 mai,
et l'arrêté de séquestration ne fut pris par le préfet
que le 18 mai ; il s'était donc écoulé dix jours depuis la déclaration de l'acheteur et c'est grace au
retard apporté par l'autorité préfectorale que le
demandeur fut débouté de ses prétentions. Le
même fait se serait-il produit, si le maire de la commune du demandeur avait pris l'arrêté de séquestration ; nous ne le pensons pas ; la proximité des
distances et les instances réitérées que l'on peut
adresser à l'autorité municipale, ne peuvent laisser
aucun doute à cet égard. Le maire ne peut-il pas
enfin être nanti, plus tôt que le préfet, des renseignements que doit lui fournir le vétérinaire sani
taire. La rapidité avec laquelle doit être pris l'arrêté de séquestration, a d'autant plus d'importance
que la jurisprudence admet, comme nous le verrons
dans la suite, la successivité des recours.

La loi de 1881 qui donne aux maires des pouvoirs étendus en la matière, s'applique à toutes les
maladies contagieuses; le décret de 1888, au contraire est spéciale à la tuberculose, il ne dit
rien de la compétence du maire, et son silence ne
peut être interprété dans ce sens exclusif.

La loi de 1895, à son tour, ne renvoie point au

décret de 1888, mais à la loi de 1881 qu'elle complète.

La loi du 21 juin 1898 n'éclaircit point cette question délicate. Dans son article 31 § 1, elle oblige
les propriétaires ou détenteurs d'animaux atteints
de maladie contagieuse (cette expression comprend la tuberculose,) à en faire la déclaration au
maire. Le § 2 du même article, dit : que les animaux
doivent être sequestrés avant que l'autorité administrative ait répondu à l'avertissement.

L'article 32 de la même loi est aussi formel que le
précédent, et, si l'on rapproche les articles 31 et 32
de l'article 18, § 2, qui donne aux maires les pouvoirs nécessaires pour assurer l'exécution des dispositions légales et règlementaires qui ont pour
but de prévenir les maladies contagieuses ou
épyzootiques, et surtout du § 4 qui leur permet de
prendre les mesures provisoires qu'ils jugent utiles pour arrêter la propagation du mal ; bien qu'il
ressorte des autres articles de la loi, que le maire
doit aussitôt prévenir le préfet, et que les arrêtés
du maire sont susceptibles d'un recours ; il nous
semble que la compétence du maire est suffisamment établie.

Si, comme la jurisprudence l'admet encore, la
saisie des viandes et leur enfouissement équivalent à la séquestration, alors qu'ils sont simplement ordonnés par le vétérinaire sanitaire et non

par le préfet, on ne peut approuver la thèse soutenue par le tribunal de Charolles et par la Cour de Toulouse.

Ajoutons que l'article 36 de la loi du 21 juin 1898, accorde au maire le droit d'ordonner l'abatage des animaux atteints de tuberculose dûment constatée. L'arrêté d'abatage étant plus grave que l'arrêté de séquestration, le maire doit avoir le pouvoir de prendre les deux arrêtés.

Rappelons aussi que tandis que le tribunal de Charolles et la Cour de Toulouse renvoient pour la question des autorités compétentes aux formalités prévues par le décret de 1888, le rapporteur du projet de loi, ayant pour but de modifier la loi de 1895, renvoie, même à propos de la tuberculose, aux prescriptions de la loi de 1881 [1].

En l'état actuel de la jurisprudence, la Cour de cassation ne s'étant encore, à notre connaissance, jamais prononcée, il sera plus prudent de faire la déclaration en temps et lieu opportuns pour que le préfet puisse prendre l'arrêté de séquestration, mais au point de vue légal, nous nous refusons à penser que l'autorité municipale soit incompétente, lorsqu'elle n'agira qu'à l'appui d'un certificat du vétérinaire sanitaire, et si le jugement du

---

1. Séance du 23 mars 1899, *Journ Off.* du 24 mars.

tribunal de Dax ne respecte point les prescriptions légales en admettant la validité de la séquestration prescrite par le vétérinaire sanitaire, il
semble tout particulièrement inspiré par un senti-
ment de justice et d'esprit pratique.

§ III. — L'ENFOUISSEMENT OU LA SAISIE AU CAS D'ABA-
TAGE ANTÉRIEUR A LA SÉQUESTRATION PEUVENT-ILS LA
REMPLACER.

On sait qu'avant d'être livrées à la consommation, les viandes provenant des animaux abattus sont soumises à l'inspection du vétérinaire
chargé du service des abattoirs, afin qu'il se rende
compte si elles peuvent être livrées à la consommation sans danger pour l'hygiène publique;
et au cas où le vétérinaire recueillerait à l'autopsie
ou sur les viandes la conviction qu'un animal était
atteint de tuberculose, il doit ordonner la saisie et
l'enfouissement des parties contaminées.

L'article 11 du décret du 28 juillet 1888 s'exprime ainsi : « Les viandes provenant d'animaux
tuberculeux sont exclues de la consommation.
Ces viandes ainsi que les viscères tuberculeux ne
peuvent servir à l'alimentation des animaux et
doivent être détruits. »

La loi du 31 juillet 1895 est muette dans son

énoncé sur la question qui attire actuellement notre attention; elle ne prévoit point l'hypothèse que nous devons examiner et se contente de dire, que si l'animal a été abattu le délai pour intenter l'action en nullité est réduit à dix jours après l'abatage, et encore le texte que nous citons n'est-il point spécial aux animaux atteints de tuberculose, mais bien aux animaux atteints de toute autre maladie contagieuse. Le paragraphe additionnel relatif à la tuberculose exige comme condition première pour intenter la nullité de la vente, la séquestration de l'animal; mais la saisie et l'enfouissement des viandes provenant de l'animal abattu, s'ils ont été ordonnés par les autorités compétentes, ne peuvent-ils pas remplacer la séquestration au cas où un animal destiné à la boucherie a été abattu sans que son propriétaire ait eu le moindre doute sur l'état contaminé de son animal, soit que le degré de la maladie ne soit point assez avancé pour le renseigner d'une façon certaine, soit encore que le temps écoulé entre le moment de l'achat et le moment de l'abatage ait été trop court pour que la séquestration ait pu être demandée? Telle est donc la question que nous allons examiner.

Le législateur en exigeant la séquestration, pour proclamer la nullité de la vente des animaux qui ne sont point destinés à la boucherie, a voulu les mettre en observation pour qu'ils ne puissent point répandre autour d'eux le terrible fléau dont ils sont atteints et surtout pour qu'on puisse acquérir la certitude, en examinant la période de la maladie, que l'animal séquestré portait en lui, avant la vente, le germe de la tuberculose. La saisie des viandes à l'abattoir et l'enfouissement dont elles sont l'objet, ne sont-ils pas le plus sûr moyen de s'assurer que l'animal était contaminé ; bien mieux encore, tous les auteurs de médecine vétérinaire sont d'accord pour reconnaitre que si la tuberculose peut difficilement se diagnostiquer du vivant de l'animal, il ne saurait en être de même après l'autopsie où le moindre examen minutieux révèle la présence des bacilles tuberculeux.

La situation du boucher, acheteur d'un animal dont les viandes seront saisies et enfouies, n'est-elle pas aussi intéressante que celle de l'acheteur d'un animal dont la vente a été déclarée nulle après la séquestration.

Il semble donc que puisque l'hypothèse de la saisie et de l'enfouissement après l'abatage offre une sécurité plus grande au point de vue de la reconnaissance de l'existence de la tuberculose qu'au cas de séquestration, une égalité de situation et parfois même un plus grand dommage pour l'acheteur d'un bœuf abattu et saisi ; on doive accorder à la séquestration et à la saisie une même force probante de l'antériorité de la maladie et le même pouvoir pour faire prononcer la nullité de la vente.

Tous les auteurs ne partagent point cette opinion et il est de toute évidence que ceux là, qui comme M. Tissier [1], soutiennent que la nullité de la vente ne peut être invoquée que si l'animal est soumis à la séquestration antérieurement à la vente ne peuvent admettre notre manière de voir.

La jurisprudence elle aussi a été longtemps en désaccord à ce sujet, hâtons-nous de dire cependant que toute discussion a depuis longtemps cessé à cet égard.

Le premier jugement que nous rencontrons sur ce point est celui du tribunal civil de Pau, en date du 12 décembre 1896 [2]. A l'audience, l'avocat du demandeur avait déposé les conclusions suivantes: « Dire et juger que si la séquestration s'impose pour la recevabilité de l'action lorsqu'il s'agit d'un animal vivant, elle n'est plus exigible lorsque le sujet destiné à la boucherie doit être abattu ; qu'en ce dernier cas il est légalement suppléé à la séquestration par la saisie et l'enfouissement de la viande

---

1. Voir *Lois nouvelles*. Articles de M. Tissier.
2. *Revue Vétérinaire* 1896, p. 20.

régulièrement ordonnés par le maire ». L'avocat
du défendeur au contraire, soutenait qu'en l'espèce
l'abatage n'ayant pas été ordonné par les autorités
compétentes la vente ne pouvait être déclarée
nulle. Le tribunal faisait droit aux conclusions du
demandeur et décidait que la saisie et l'enfouissement ordonnés par l'autorité municipale, sur le
rapport du vétérinaire préposé à l'abattoir, sup-
pléent la séquestration. Appel fut fait de ce jugement, mais la Cour de Pau [1] le confirma le
24 mars 1896.

Les tribunaux civils de Verdun, de Charolles et
de Caen [2] en ont également décidé ainsi.

Un seul jugement, celui du tribunal de commerce de Nantes en date du 12 décembre 1896 [3] se
refuse à admettre que la saisie et l'enfouissement
équivalent à la séquestration. Ce jugement s'appuie
sur les termes de la loi « soumis à la séquestration »
qui expriment un état de choses existant, sur le
silence de la loi à ce sujet et sur l'idée que nous
avons souvent combattue que le paragraphe additionnel ne doit être interprété que dans le sens
qu'ont voulu lui donner ses auteurs.

---

1. *Revue Vétérinaire* 1896, p. 264.
2. Trib. civ. de Verdun, 20 mai 1896, *Gaz. des Trib.*,
15 août 1896; de Charolles, 27 juin 1896, *Le Droit*, 19 août
1896; de Caen, *Recueil de médecine vétérinaire*, 1897, p. 717.
3. SIREY 1898. 2. 85.

La partie déboutée par le tribunal de Nantes a soumis la question à la Cour de cassation qui, dans son arrêt du 9 novembre 1898[1], annulant le jugement que nous venons d'indiquer, a décidé que la saisie et l'enfouissement des viandes, ordonnés par l'autorité compétente, équivalent à la séquestration.

Voilà donc la question tranchée dans le sens de la justice et de la légalité.

Et d'ailleurs, si une telle opinion n'avait pas prévalu, nous pensons que tout boucher ainsi lésé aurait eu à sa disposition une autre manière de procéder. Nous avons vu que la Cour de cassation a admis par divers arrêts précités, qu'à côté de la garantie légale et conventionnelle, il y a place pour la garantie tacite, résultant de la nature même de la chose vendue et du but que s'étaient proposés les parties. Tout boucher aurait donc pu dire à son vendeur : « Vous connaissiez ma profession, en me vendant votre animal, vous me l'avez tacitement garanti ». Dans ce cas là, c'est simplement une action *quanti minoris* que l'on devrait accorder au boucher lésé, l'évaluation devrait être basée sur la différence existant entre la quantité des viandes saisies et le poids total des viandes

_____

1. *Gaz. des Trib.*, 17 déc. 1898.

que le boucher aurait pu vendre, si l'animal abattu n'avait point été tuberculeux.

Mais, avec la loi de 1895 et la jurisprudence actuelle, peut-on se baser, pour proclamer la nullité de la vente, sur la quantité plus ou moins grande des viandes saisies. Nous ne le pensons pas. La loi de 1895 est trop absolue pour qu'il puisse en être ainsi, et le simple fait de reconnaitre sur certaines parties l'existence de la tuberculose, doit suffire pour que la vente soit nulle.

Dans quels cas doit-il y avoir saisie de viandes pour cause de tuberculose? Le décret de 1888 prévoit deux hypothèses :

Première hypothèse. — Les lésions sont généralisées, c'est-à-dire, non confinées exclusivement dans les organes viscéraux et leurs ganglions lymphatiques.

Deuxième hypothèse. — Les lésions, bien que localisées, ont envahi la plus grande partie d'un viscère, ou se traduisent par une éruption sur les parois de la poitrine ou de la cavité abdominale.

Malgré leur apparente simplicité, les prescriptions établies par le décret de 1888 furent souvent mal interprétées. La saisie n'était pas ordonnée dans tous les cas où elle aurait dû l'être et inversement; il importait donc de fixer certaines règles plus précises et d'indiquer plus clairement aux hommes de l'art, les cas où la saisie devait être pratiquée. La rédaction du décret de 1888 était en effet trop brève dans sa forme et se maintenait dans des termes généraux, laissant trop de place aux appréciations individuelles.

C'est pour couper court à toutes ces discussions, que M. Méline, ministre de l'agriculture, adressa, le 28 septembre 1896, une circulaire ministérielle aux préfets; la rédaction de cette circulaire est inspirée des résolutions votées à Berne par le Congrès de médecine vétérinaire. Un arrêté ministériel de la même date, faisant suite à cette circulaire, s'exprime ainsi :

« L'article XI de l'arrêté ministériel du 28 juillet 1888, est ainsi modifié : La saisie peut être totale ou partielle.

« La saisie est totale :

« 1° Quand les lésions tuberculeuses, quelle que soit leur importance, sont accompagnées de maigreur;

« 2° Quand il existe des tubercules dans les muscles et dans les ganglions intra-musculaires;

« 3° Quand la généralisation de la tuberculose se traduit par des éruptions miliaires de tous les parenchymes, et notamment de la rate;

« 4° Quand il existe des lésions tuberculeuses importantes à la fois sur les organes de la cavité thoracique et sur ceux de la cavité abdominale.

« La saisie est partielle :

« 1° Quand la tuberculose est localisée, soit à la cavité thoracique, soit à la cavité abdominale ;

« 2° Quand les lésions tuberculeuses, bien qu'existant à la fois dans la cavité thoracique et la cavité abdominale, sont localisées.

« La saisie ne doit porter en ce cas que sur les parties qui sont en contact avec la plèvre ou le péritoine ».

Cet arrêté émet enfin une restriction qui a bien son importance : les viandes suffisamment grasses peuvent être remises au propriétaire, après stérilisation pendant une heure, soit dans l'eau bouillante, soit dans la vapeur d'eau sous pression, mais cette stérilisation doit avoir lieu en présence du vétérinaire inspecteur et à l'abattoir.

Pour que la saisie supplée la séquestration, il faut que l'abatage ait eu lieu dans un abattoir public et sous la surveillance du vétérinaire sanitaire, c'est ainsi que le tribunal de Pont-Audemer [1] a décidé, le 3 novembre 1896, que l'acheteur est dépourvu de toute action lorsqu'il se fait justice lui-même, en procédant à un abatage dépourvu de tout contrôle et de toute garantie pour la découverte de la vérité.

---

1. Tribunal de Pont-Audemer, 3 novembre 1896. *Rev. vét.* 1898, p. 515.

Le jugement du tribunal de Pont-Audemer nous
paraît parfaitement équitable; la séquestration et
la saisie doivent, d'après l'esprit de la loi, être or-
données sur un rapport du vétérinaire sanitaire
qui est le représentant attitré des pouvoirs publics.

Concluons donc en disant que la saisie équivaut
à la séquestration et qu'elle doit produire les mêmes effets qu'elle.

§ IV. — La séquestration est-elle une preuve absolue
   de l'existence de la tuberculose. — De la tuberculine et de ses effets au point de vue légal.

Nous avons vu que la séquestration est une des
conditions de la recevabilité de l'action. Mais
faut-il conclure que chaque fois que la séquestration aura été ordonnée, les tribunaux devront
simplement prononcer la nullité de la vente.
M. Lesage [1] ne le pense point et nous approuvons
complètement sa manière de voir. Comme le dit
fort bien le même auteur, ce serait : « une singu-
lière bizarrerie que de voir un vétérinaire sanitaire, simple agent de l'administration, dictant sa
sentence au tribunal de l'ordre judiciaire ». Les
tribunaux doivent avoir un plus grand pouvoir

---

1. Voir Lesage, pages 65 et 66.

d'appréciation, et, sur la demande des parties en cause, il nous semble naturel qu'ils puissent déléguer pour l'expertise, tels ou tels vétérinaires. Si la loi avait voulu que la nullité de la vente soit prononcée chaque fois qu'il y aura séquestration, il nous semble qu'elle aurait indiqué d'une façon plus précise ce qu'il faut entendre par ce mot. Quelle que soit la notoriété scientifique des vétérinaires sanitaires, ils ne sont point à l'abri d'une erreur, c'est pour cela que nous admettrons que les tribunaux peuvent ordonner une expertise contradictoire qui, dans ce cas, laissera toute liberté d'appréciation à l'autorité judiciaire.

Cette solution nous parait d'autant plus juste que, nous l'avons déjà souvent dit, la médecine vétérinaire n'a point trouvé de diagnostic certain pour faciliter la reconnaissance de la tuberculose.

On avait bien espéré que la découverte de la tuberculine comblerait cette lacune et qu'on pourrait ainsi enrayer le développement de cette terrible maladie, mais la science ne parait pas encore avoir une confiance irrévocable dans sa découverte et le législateur lui-même n'a pas cru devoir lui attribuer encore toute l'autorité nécessaire.

Imaginée par le célèbre docteur Koch qui en tint le mode de préparation longtemps secret, analysée par le docteur Roux, la tuberculine a pu être expérimentée dès 1891.

C'est un extrait stérilisé des cultures du bacille tuberculeux en milieux glycérinés.

Injectée a la dose de 30 à 50 centigrammes, elle possède une action incontestable et provoque sur les animaux tuberculeux une élévation de température de 1° à 2° 5. Au dire des savants, elle n'a aucun effet sur les animaux porteurs de lésions graves aux poumons ou aux autres organes, la réaction qu'elle procure apparaît entre la douzième et la quinzième heure après l'injection et peut durer plusieurs heures. Tels sont les avantages qui lui ont été reconnus à l'Académie de médecine, mais ils n'ont pas échappé à de nombreuses objections dont quelques-unes méritent d'être énoncées. Leur discussion étant du domaine purement scientifique et vétérinaire nous ne nous attarderons pas à la rappeler [1].

1° L'injection de tuberculine peut donner la tuberculose aux animaux sains ;

2° La tuberculine n'a provoqué aucune réaction chez des animaux reconnus tuberculeux à l'autopsie ;

3° La tuberculine provoque souvent des réactions chez des animaux sains ;

---

1. Tous ces renseignements ont été puisés dans un rapport de M. Weber à l'Académie de médecine. Il est rapporté dans la *Rev. vét.* de 1896, pages 226 et s.

4° Certaines affections non tuberculeuses peuvent provoquer la réaction tout comme la tuberculose ;

5° La tuberculine provoque le développement des lésions tuberculeuses ;

6° Une première injection de tuberculine empêche la réaction que devrait provoquer toute autre injection.

M. Darbot, dans son rapport au Sénat sur la loi de 1895, en a souvent parlé, mais n'a pas demandé qu'on lui reconnaisse une valeur probante légale.

Pendant que la loi de 1895 était en discussion, M. Hayez dans une proposition, demandait qu'immédiatement après la constatation d'un cas de tuberculose, tous les animaux faisant partie de la même étable soient soumis à des inoculations de tuberculine[1].

M. Gadaud, ministre de l'agriculture déposait à la Chambre des députés, le 9 juillet 1895, un projet de loi aux termes duquel tous les bovidés présentant des signes cliniques susceptibles de faire soupçonner la tuberculose devaient être soumis à l'épreuve de la tuberculine. Ceux qui auraient réagi devaient être abattus par ordre du préfet. Les animaux ayant cohabité avec des bovidés

---

1. *Rev. de la tuberculose*, 1894, 31 décembre, n° 4, p. 372.

tuberculeux devaient aussi être inoculés et au cas de réaction abattus dans le délai d'un an.

Malgré cela, la loi de 1895 est restée muette sur la question.

Le décret du 14 mars 1896 [1] devait cependant se montrer plus affirmatif et reconnaître à la tuberculine une certaine force probante. Il prescrit l'injection de la tuberculine à tous les bœufs importés en France et leur mise en observation pendant deux jours aux frais de l'importateur. Les animaux destinés à la boucherie en sont dispensés, mais ils doivent être abattus dans un abattoir public et soigneusement examinés. Une circulaire ministérielle adressée aux préfets et provoquée par ce décret prescrit des mesures rigoureuses et des formalités nombreuses.

M. Méline, ministre de l'agriculture, a adressé, le 13 février 1897 [2], une circulaire aux vétérinaires-frontière dispensant les veaux âgés de moins de six mois de l'épreuve de la tuberculine.

Une instruction du 4 août 1897 [3] interdit d'inoculer la tuberculine à des animaux ayant même cohabité avec d'autres animaux tuberculeux, sans l'autorisation du propriétaire.

---

1. *Rev. vét.* 1896, p. 335.
2. *Rev. vét.*, 1897, p. 222.
3. *Rev. vét.*, 1897, p. 536.

Pas plus que les autres circulaires, celle du 31 octobre 1898 due à M. Viger, ne reconnaît à la tuberculine une force probante.

A la séance du 15 décembre 1898 [1], M. Milliès-Lacroix, sénateur des Landes, appuyant de sa haute autorité un amendement tendant à réduire à dix jours le délai pour intenter l'action en nullité, a voulu prouver que la tuberculine pouvait infailliblement révéler la tuberculose, et à l'appui de son opinion il a parlé de la découverte d'une nouvelle tuberculine plus active que celle connue jusqu'à ce jour et capable de provoquer une réaction chez des animaux déjà tuberculinés.

Le ministre de l'agriculture a regretté la divulgation de cette découverte qui était destinée à servir de contrôle à l'égard des animaux importés et à déjouer la prudence des importateurs qui auraient déjà fait tuberculiner leurs animaux pour éviter toute réaction au moment de la visite du vétérinaire frontière.

Le 16 décembre 1898, M. Cornil [2] a fait part au Sénat de la crainte qu'il éprouvait de voir cette tuberculine employée par les importateurs eux-

---

1. *Journ. off.* Sénat. Débats parlementaires. 15 décembre 1898, p. 1005.

2. *Journ. off.* Sénat. Débats parlementaires. 16 décembre 1898, p. 1011.

mêmes et considéré à nouveau la force probante de la tuberculine comme tout à fait aléatoire.

A la deuxième délibération du projet de modifications à apporter à la loi de 1895, le 23 mars 1899 [1], on a rappelé l'opinion de M. Nocard qui soutient que toute injection de tuberculine répétée après le délai de 48 heures, ne provoque de réaction que chez le tiers des animaux. D'après M. Nocard encore, toute injection répétée après huit jours n'agit que sur 50 °/₀ des animaux inoculés et après quinze jours, que sur 70 °/₀. Le ministre de l'agriculture a même ajouté que souvent la tuberculine ne provoque point de réaction chez des animaux absolument tuberculeux.

Si la tuberculine peut en bien des cas être un précieux auxiliaire, elle ne peut servir de moyen de diagnostic infaillible et l'on comprend la prudence du législateur qui s'est toujours refusé à lui reconnaître une force probante équivalente à celle de la séquestration.

---

1. *Journ off.* Sénat. Débats parlementaires, 23 mars 1899.

SECTION II

Limitation des délais. — De la validité des recours successifs.

§ 1. — DES DÉLAIS PENDANT LESQUELS PEUT ÊTRE INTENTÉE L'ACTION EN NULLITÉ.

Le décret de 1888 qui avait fait rentrer la tuberculose au nombre des maladies contagieuses n'avait imparti aucun délai pour demander la nullité de la vente. Le projet de la loi de 1895 commettait la même omission et M. Darbot ne trouvait aucun mal a cela M. Demôle seul jugea prudent d'élever la voix pour que l'action en nullité ne fut pas soumise au délai établi pour la prescription ordinaire. On voit facilement combien il eut été dangereux de laisser le vendeur dans l'incertitude pendant une période de temps aussi longue. M. Demôle faisait remarquer au Sénat tout le grotesque que pouvait entrainer cet oubli et il s'exprimait en ces termes :

« C'est un délit correctionnel d'une certaine gravité que de vendre un animal atteint de maladie contagieuse, puisque la loi de 1881 le frappe d'une peine de deux à six mois d'emprisonnement. Eh bien ! en vertu de l'article 638 du Code d'instruction criminelle auquel M. Darbot ne pense pas toucher, comme l'exercice de l'action civile est éteint par le non usage de l'action correctionnelle pendant trois ans, il s'ensuit que celui qui aura commis un délit de cette nature sera indemne au bout de trois ans ; mais le vendeur de bonne foi qui n'a pas commis de délit sera soumis à la recherche pendant dix ans, tandis que le vendeur de mauvaise foi ne le sera que pendant trois ans [1] ».

La logique du raisonnement de M. Demôle devait avoir pour résultat que l'idée des délais fut admise et qu'il ne devait plus y avoir qu'à les fixer.

Après une longue discussion entre M. Darbot et M. Demôle qui proposait le délai de trente jours pour l'action civile et celui de quarante-cinq jours pour l'action publique [2], le Sénat adopta le délai de quatre-vingt-dix jours pour l'action civile et le délai ordinaire du droit commun pour l'action publique.

---

1. Sénat, séance du 29 janvier 1894, *Journal Offic* du 30 janvier.

2. Sénat, séances des 18 et 29 janvier 1894, *Journ. Offic.* des 19 et 30 janvier et séance du 24 avril 1895. *Journ. offic.* du 25 avril 1895.

La Chambre des députés trouva trop long le délai proposé par le Sénat et le réduisit à quarante-cinq jours pour l'action civile. Ce délai était exactement celui auquel la Société des Agriculteurs de France consultée, avait donné son approbation. La Chambre maintenait le délai ordinaire pour l'action publique et, sur la demande de M. Mougeot, elle introduisait dans la loi, le délai de dix jours après l'abatage [1].

Le Sénat [2] adopta enfin les délais tels que les avait modifiés la Chambre des députés et la loi de 1895 dans son article premier paragraphe 2 les établit ainsi.

« Néanmoins aucune réclamation ne sera recevable... lorsqu'il se sera écoulé plus de quarante-cinq jours depuis la livraison s'il n'y a poursuite du ministère public.

« Si l'animal a été abattu le délai est réduit à dix jours après l'abatage sans que toutefois l'action puisse jamais être introduite après le délai de quarante-cinq jours. En cas de poursuite du ministère public, la prescription ne sera opposable à l'action civile, comme au paragraphe précédent,

1. Chambre des députés, séances du 5 avril et 29 juin 1895, *Offic.* 6 avril et 30 juin 1895.

2. Sénat, séances des 9 et 10 juillet 1895. *Offic.* des 10 et 11 juillet 1895.

que conformément aux règles du droit commun ».

Les termes de la loi nous obligent donc à prévoir trois hypothèses.

Première hypothèse. — L'animal vendu est vivant et il n'y a point poursuite du ministère public. Conformément au paragraphe 2 de la loi de 1895, le délai sera de quarante-cinq jours. Pourquoi quarante-cinq jours plutôt que cinquante ou trente. Parce que sur le rapport des vétérinaires compétents, le législateur a pensé que la tuberculose pouvait être diagnostiquée facilement et que tout animal reconnu tuberculeux, devait porter le germe de la maladie avant la vente. La loi n'ayant rien dit sur le mode de calcul des délais, il faut appliquer les règles ordinaires de la procédure.

Le délai commencera à courir le lendemain du jour de la livraison, comme le dit la loi, mais faut-il faire rentrer dans le délai le jour de l'échéance, ou bien le lendemain de l'échéance et dans l'hypothèse présente, le quarante-sixième jour, l'acheteur peut il intenter l'action en nullité? Si l'on appliquait l'article 1033 du Code de procédure, l'action serait valablement intentée; mais la règle énoncée par cet article, n'est pas applicable quand le législateur a manifesté une intention contraire [1] et la Cour de cassation a décidé que si

---

1. Cass. 4 déc. 1865. SIREY, 1866, 1, 22.

la loi prévoit que le délai ne peut excéder un certain nombre de jours, le jour de l'échéance est compris dans le délai[1].

Les expressions employées par la loi « lorsqu'il se sera écoulé plus de quarante-cinq jours depuis la livraison », sont assez nettes pour que nous n'admettions pas la validité d'une assignation lancée le quarante-sixième jour.

Mais, en vertu de l'article 1033 du Code de procédure, nous admetttons que si le dernier jour du délai est un jour férié, le délai sera prorogé jusqu'au lendemain [2].

Un jugement du tribunal de Castelsarrasin du 31 juillet 1897, voudrait aussi que le délai soit augmenté à raison des distances. Nous ne sommes point de cet avis, car la loi dit que le délai ne devra jamais dépasser quarante-cinq jours.

Deuxième hypothèse. — L'animal a été abattu et il n'y a point eu de poursuite engagée par le ministère public. Le délai sera réduit à dix jours après l'abatage, mais sans qu'il puisse dépasser quarante-cinq jours après la livraison. Prenons quelques exemples. Le 1er mai, Secundus achète à Primus un bœuf qu'il tue le 3 mai ; en vertu des

2. Cass. 2 août 1887. SIREY, 1887, 1, 304.
3. Cour de Rouen, 19 mars 1870. DALL., 1871, 2, 190.

règles établies à la deuxième hypothèse, Secundus pourra valablement introduire l'action en nullité le 13 mai. Si, maintenant notre exemple, le bœuf n'est abattu que le 10 juin, c'est-à-dire quarante jours après la vente, l'action ne pourra plus être intentée après le 15 juin, bien qu'il ne se soit écoulé que cinq jours après l'abatage.

La loi n'a prévu que l'hypothèse de l'abatage, que faudrait-il décider si, au lieu d'abatage volontaire de la part du vendeur, l'animal venait à mourir pendant la séquestration, des suites de la maladie dont il porte le germe. Si le législateur a établi deux délais différents au cas d'abatage et de non abatage, c'est qu'il a pensé que dans le premier cas, l'acheteur devait, par suite de l'autopsie et de la saisie des viandes faites par le vétérinaire sanitaire, n'avoir aucun doute sur l'existence de la tuberculose et que toute lenteur de sa part serait une faute. Dans l'hypothèse que nous examinons, nous admettrons par analogie, que l'acheteur n'a plus qu'un délai de dix jours après la mort de l'animal, ce délai parait largement suffisant. A notre théorie on objectera que si l'hypothèse que nous émettons se réalise, il n'y a aucune raison pour réduire le délai à dix jours, puisque la loi spécifie que ce n'est qu'au cas d'abatage. Nous répondrons à cette objection que le législateur a voulu établir des délais courts et que si l'on admet la validité des recours successifs, il importe de ne pas s'attarder à intenter l'action.

Troisième hypothèse. — Il y a poursuite du ministère public.

Il pourra y avoir lieu à poursuites de la part du ministère public, toutes les fois que les prescriptions énoncées par l'article 31 de la loi du 21 juillet 1881 n'auront pas été respectées, c'est-à-dire quand le vendeur d'un bovidé tuberculeux avait connaissance de l'état contaminé de son animal ou le soupçonnait, et non pas comme on l'a pensé, au cas seulement où la séquestration aura précédé la vente.

C'est ce qu'ont pensé la Cour de cassation, en date du 2 avril 1896, et la Cour de Bordeaux, le 22 octobre 1896 [1]. Le délai est alors de trois ans à compter du jour du délit.

L'acheteur qui a laissé écouler le délai de quarante-cinq jours sans intenter l'action civile, peut-il, au cas de dol, intenter l'action en police correctionnelle? Nous ne le pensons pas; et du reste, M. Demôle a dit au Sénat, au moment de la discussion de la loi de 1895, « en vertu d'une disposition générale de la loi, celui qui a à se plaindre

---

1. Cass. crim. 2 avril 1896. *Gaz. des Trib.*, 19 avril 1896. Cour de Bordeaux, 22 octobre 1896. SIREY, 1897, 2, 131.

d'un délit a la faculté de saisir la justice répressive; c'est ce que l'on appelle la citation directe. Faut-il la maintenir? Je ne le crois pas et je demande au Sénat de décider que, quoiqu'il en soit, l'exercice de l'action répressive, en vertu de la loi du 21 juillet 1881, n'appartiendra qu'au ministère public. Si le ministère public exerce son action, l'acheteur lésé pourra se joindre à l'action publique et se porter partie civile [1]. »

En s'exprimant ainsi, M. Demôle voulait éviter les chantages auxquels peut donner lieu la menace faite par un marchand à un propriétaire de le poursuivre devant un tribunal correctionnel. Dans la suite de la discussion du projet de la loi, rien n'est venu contredire les paroles de M. Demôle et c'est ce qui nous porte à penser que, s'il n'y a pas eu poursuite du ministère public, l'acheteur ne peut intenter l'action répressive.

M. Tissier, au contraire, conclut que la citation directe peut être employée par l'acheteur, parce que, dit-il, ni le Sénat ni la Chambre des députés n'ont ni confirmé ni discuté les paroles de M. Demôle [2].

Mais si l'acheteur ne peut point agir par voie de

1. Sénat, Débats parlementaires. Séance du 29 janvier 1894, *Journ. off.* du 30, p. 71.
2. TISSIER. *Lois nouvelles*, 1896, 1re partie.

citation directe, il peut prévenir le ministère public et lui fournir des documents tels que la mauvaise foi du vendeur ne puisse plus être mise en doute et obliger ainsi le ministère public à intenter l'action publique. Il pourra alors se porter partie civile et demander des dommages-intérêts. La loi de 1895 autorise une telle façon d'agir quand elle dit qu'aucune réclamation pour raison de ladite nullité ne sera recevable, lorsqu'il se sera écoulé plus de quarante-cinq jours, s'il n'y a poursuite du ministère public.

La loi dit encore : « En cas de poursuite du ministère public, la prescription ne sera opposable à l'action civile que conformément aux règles du droit commun. Si l'action civile n'a pas été accessoire à l'action publique, elle pourra être intentée séparément, mais elle sera prescrite dans le même délai que l'aurait été l'action publique.

La jurisprudence semble établie sur ce point et la Cour d'Aix, en date du 23 novembre 1893 [1], se range à cette opinion. Le jugement rendu sur l'instance du ministère public ne produira, à l'égard de l'action civile, qu'un effet interruptif.

Dans le projet de modification récemment étudié au Sénat, M. Darbot a dit, à propos de la ques-

---

1. SIREY, 95, 2, 33.

tion qui nous occupe : « Dans le cas où après la livraison d'un animal atteint d'une maladie contagieuse, le parquet interviendrait afin de punir le vendeur pour avoir trangressé la loi; du moment où la poursuite du ministère public peut se faire sans autre limitation de délai que celle de la prescription ordinaire, il est naturel que les droits de l'acheteur suivent ceux du ministère public et aient les mêmes limites. On ne comprendrait pas, en effet, qu'un vendeur pût être puni pour un acte déloyal accompli en pleine connaissance de cause, alors que sa victime, au point de vue pécuniaire, resterait impuissante à se faire rendre justice. Mais il faut qu'il y ait mauvaise foi du vendeur [1]. »

Le délai établi par la loi ne pourra être prorogé par un acte extra-judiciaire, car cette prorogation n'est admise que lorsque le législateur l'a formellement spécifié.

Les délais dont nous venons de parler étant des délais préfixes, à l'expiration desquels on ne peut plus agir, nous admettrons que les cas de suspension de prescription prévus à l'égard des mineurs ou des interdits ne peuvent point être invoqués.

---

1. Sénat, Débats parlem. Séance du 23 mars 1899. *Journ. off.* du 24 m. 1899.

§ II. — A QUEL MOMENT L'ACTION EST-ELLE VALABLEMENT INTENTÉE ?

En règle générale, l'action n'est intentée que lorsque le demandeur a lancé une assignation, mais toute assignation devant être précédée du préliminaire de conciliation, l'on fait remonter l'assignation au jour de la citation, pourvu que dans le délai légal, cette dernière ait été suivie d'une demande en justice comme le veut l'article 57 du Code de procédure. Bien que les délais impartis par la loi soient, comme le veut la jurisprudence, des délais de déchéance, nous pensons que la citation est suffisante. Les délais de quarante-cinq jours et de dix jours ne sont pas déjà si longs que nous ne puissions admettre cette manière de voir ; une interprétation différente nous paraîtrait trop rigoureuse. La jurisprudence a, du reste, admis d'autres principes de procédure qui sont moins exclusifs. C'est ainsi que le tribunal de Charolles [1] a décidé, en faisant application de l'article 2246 du Code civil, que le délai de déchéance édicté est interrompu par la demande faite même devant un tribunal incompétent, mais appliquant aux délais

---

1. Trib. de Charolles, 27 juin 1896. DALL., 98, 2, 387.

de déchéance les mêmes principes qu'aux délais
de prescription, il a aussi décidé que le délai re-
commençait à courir, comme le veut la Cour de
cassation, du jour du prononcé du jugement et
non pas seulement à partir du jour de la signifi-
cation de ce jugement.

§ III. — Formalité antérieure a l'introduction de l'instance.

Nous avons vu que l'action est valablement
introduite après la citation lancée par le demandeur. N'y a-t-il pas une autre formalité de nature
différente et qui doive dans l'esprit de la loi être
antérieure à l'introduction de l'instance?

D'un arrêt de la Cour de Toulouse, en date du
15 février 1898 [1], il ressort que l'action n'est valablement intentée que si le bovidé qui en fait l'objet
a été séquestré avant l'introduction de l'instance.
Le demandeur avait intenté l'action en nullité le
8 mai 1897, jour où, sur sa déclaration à la mairie,
eut lieu la visite du vétérinaire sanitaire, mais l'arrêté de séquestration ne fut pris par le préfet que
le 18 mai. Le tribunal de Castelsarrasin avait, le

---

1. Cour de Toulouse, 15 février 1898. DALL., 98, 2, 390.

30 juillet 1897[1], admis la validité de l'instance, soutenant qu'après la déclaration à la mairie, le demandeur était libre d'agir. Appel fut interjeté de ce jugement et la Cour de Toulouse le réforma en ces termes : « Attendu, en effet, que cette demande est antérieure à la séquestration et que l'article 4 de la loi du 31 juillet 1895, précise que la vente ne sera nulle que lorsqu'il s'agira d'un animal soumis à la séquestration; qu'il faut que ces formalités aient été remplies dans le délai de quarante-cinq jours, mais qu'il importe qu'elles précèdent l'introduction de l'instance.

« Attendu que l'article 4 ne laisse aucun doute sur la nécessité d'obtenir l'arrêté de séquestration antérieurement à l'introduction de l'instance à laquelle il sert de base, qu'il est impossible de se méprendre sur le sens grammatical du mot soumis, lequel exprime l'idée d'une mesure déjà prise et que cette interprétation est justifiée par les travaux préparatoires, etc..... Par ces motifs réforme. »

Un arrêt de la Cour de cassation du 9 novembre 1898 dit aussi que l'instance ne sera valablement introduite que si l'animal qui en est l'objet est déjà séquestré.

---

1. Trib. de Castelsarrasin, 30 juillet 1897. *Gazette des Trib.* du 7 novembre 1897.

Des termes de ces deux arrêts il résulte que tout demandeur doit :

1° Faire la déclaration afin d'obtenir l'arrêté de séquestration ;

2° Attendre que les autorités compétentes aient prononcé la séquestration ;

3° Intenter l'action.

L'acheteur, avant d'intenter l'action, doit donc passer par deux phases, dont une seule, la première, dépend de lui. Il n'a qu'à surveiller avec la plus grande attention l'animal dont il a fait l'acquisition et faire la déclaration aussitôt qu'il aura le moindre soupçon. Quand à la deuxième, il y est absolument étranger, l'autorité préfectorale, si l'on admet sa compétence exclusive, étant libre de prendre l'arrêté de séquestration quand bon lui semblera, puisqu'il n'existe aucun moyen à la disposition de l'acheteur pour la contraindre à agir dans un délai déterminé. L'acheteur pourra seulement réclamer un récépissé qui lui sera délivré par l'autorité municipale et qui indiquera la date de la déclaration à la mairie ; mais ce récépissé ne sera pour lui d'aucune utilité pratique.

Nous avons dû critiquer l'arrêt de la Cour de Toulouse, quand nous nous sommes demandé ce que l'on devait entendre par autorités compétentes pour ordonner la séquestration ; nous ne reviendrons pas sur cette discussion, nous nous contenterons de faire remarquer à nouveau tout le préjudice qu'une pareille interprétation de la loi peut causer à un acheteur digne cependant de protection et souvent à l'abri de tout reproche. Sans doute, comme le disent la Cour de Toulouse et la Cour de cassation, les mots : « soumis à la séquestration » indiquent un état de choses préexistant, et il n'est pas dans nos intentions de critiquer cette analyse grammaticale. Nous ne prétendrons pas non plus que la pensée du législateur ait été faussement interprétée, mais nous ferons remarquer que dans les travaux préparatoires de la loi, on ne rencontre aucune explication du mot séquestration. Dans la partie qui concerne la procédure à suivre, il est dit : « J'ajoute que cette formalité de ne poursuivre son vendeur qu'après avoir accompli les formalités de l'isolement et de la déclaration, aura pour conséquence de retrancher à tout jamais de la circulation toute bête tuberculeuse [1] ».

Il nous semble que le législateur aurait dû s'expliquer d'une façon plus précise, indiquer ce qu'il entendait par séquestration, déterminer les autorités compétentes et fixer un délai dans lequel,

---

[1]. Sénat. Séance du 9 juillet 1895. *Journal officiel* du 10 juillet, page 780.

après le rapport du vétérinaire sanitaire, les autorités, soit préfectorale, soit municipale, seraient obligées de prendre l'arrêté de séquestration. Une foule de difficultés relatives à la procédure auraient été ainsi évitées à la grande satisfaction de tous et le but que s'est proposé le législateur aurait été sans doute plus facile à atteindre.

§ IV. — L'ACTION EN NULLITÉ EXISTE-T-ELLE AU PROFIT EXCLUSIF DU DERNIER ACHETEUR

La loi accorde l'action en nullité à l'acheteur d'un bovidé tuberculeux, pourvu que la séquestration ait précédé l'instance et que cette dernière ait été introduite dans les délais légaux. Mais tout animal atteint ou soupçonné atteint de tuberculose peut avoir fait l'objet de ventes successives dans le délai fixé par le législateur. L'action appartenant au dernier acheteur est l'action principale, celle qui appartient au vendeur intermédiaire contre son propre vendeur s'appelle l'action récursoire.

La question qui nous intéresse actuellement est de savoir si les recours successifs entre acheteurs et vendeurs peuvent être valablement exercés?

Hâtons-nous de dire qu'en ce qui concerne les

vices rédhibitoires prévus par les lois de 1838 et
de 1884, la jurisprudence en a reconnu la validité;
mais l'exercice de l'action récursoire au cas de
tuberculose a fait l'objet de nombreuses discussions.

Pour les uns, les recours successifs sont vala-
bles, s'ils ont été intentés dans les dix jours après
l'abatage ou les quarante-cinq jours après la vente.
Pour ceux qui n'examinent que la condition de
recevabilité de l'action édictée par le législateur
(séquestration avant l'introduction de l'instance),
les recours successifs sont sans valeur; le dernier
acheteur est seul recevable à intenter l'action en
nullité puisqu'il peut seul remplir la formalité
nécessaire; les vendeurs intermédiaires doivent
être forclos, car ils ne peuvent provoquer la
séquestration d'un animal qui n'est plus en leur
possession.

Ce sont ces mêmes idées que la jurisprudence a
tour à tour exprimées. La Cour de Pau, en date du
24 mai 1896, rendait un arrêt dont les conclusions
en la matière s'expriment ainsi : « Que l'on comprend que pour mettre un terme à des procès rui-
neux, le législateur ait circonscrit l'instance par
une formalité ayant pour effet de réduire les recours en garantie et les procès d'une solution
difficile et incertaine. Que l'acheteur ne pourra
agir contre son vendeur qu'après avoir fait séques-

trer l'animal dans le délai légal et que le vendeur qui n'aura pas fait séquestrer sera déchu du droit d'appeler en garantie son propre vendeur [1] ».

Ceux qui n'admettent point les recours successifs citent à l'appui de leur thèse l'arrêt que nous venons d'énoncer ; qu'il nous soit permis de dire qu'il ne pouvait atteindre les parties au point de vue de la successivité des recours, puisque, dans l'espèce, il n'y avait point eu de vendeur intermédiaire ; mais ce serait de la mauvaise foi que de ne point reconnaitre qu'il fait de la séquestration une condition essentielle de la recevabilité de l'action et qu'en conséquence il ne l'accorde point à ceux qui n'auront pas fait séquestrer.

Le tribunal de Bordeaux, les 16 juillet 1896 [2] et 22 octobre 1896 [3], a, lui aussi, soutenu la même idée. Pouvons-nous critiquer sa manière de voir bien qu'en principe elle ne réponde pas à la nôtre ? Nous ne le pensons pas, car les juges se sont trouvés en présence d'un vendeur originaire de bonne foi, tandis que le vendeur intermédiaire ne l'était pas ; il avait vendu l'animal, puis avait consenti à le reprendre à l'amiable, mais au lieu de se tour-

---

1. *Revue vét.*, 96, p. 264.
2. *Lois nouvelles*, 97, 4, 74.
3. SIREY, 97, 2, 131.

ner contre son propre vendeur, il avait encore revendu le même animal et ce n'est qu'attaqué par le dernier vendeur qu'il s'était alors adressé au vendeur originaire. Cette série de ventes faites par l'acheteur primitif ne prouvait elle pas sa mauvaise foi et c'est dans ces circonstances, que, faisant abstraction du point de droit pour ne considérer que le fait, les juges n'ont pas admis la validité des recours successifs.

Quant au tribunal de commerce d'Arras, il décidait, le 24 juin 1896 [1], que l'action en nullité ne peut être exercée que par celui qui a fait séquestrer et que dans ces conditions le vendeur intermédiaire doit seul supporter la responsabilité encourue. Reproduisant encore les idées émises par la Cour de Pau, il s'appuyait sur les travaux préparatoires de la loi.

Certains tribunaux, au contraire, admettent les recours successifs. Le tribunal de Pau [2], dans deux jugements, soutient que le vendeur d'un animal tuberculeux assigné en nullité de la vente, a, conformément au droit commun, un recours en garantie contre son propre vendeur, quel que soit l'ache-

---

1. *Revue vétér.*, 97, p. 67.

2. Tr. de Pau, 15 mai 1896. *Gaz. des Trib.*, 15 aout 1896; 31 janv. 1897, *Revue vétér.*, 1897.

teur qui a provoqué la séquestration, pourvu que ce soit dans le délai légal. Les tribunaux de Trévoux [1], d'Amiens [2], de Castelsarrasin [3], adoptent la même manière de voir pourvu que les délais soient respectés.

Cette solution nous parait seule équitable. Le législateur n'a point voulu refuser au vendeur intermédiaire l'action en nullité contre le vendeur originaire. Il a réduit les délais et spécifié, qu'en aucun cas, la nullité de la vente ne pourra atteindre le vendeur originaire ou intermédiaire lorsque le délai de quarante-cinq jours après la vente sera écoulé.

A l'objection que les travaux préparatoires de la loi semblent interdire les recours successifs, nous répondrons au contraire, qu'ils les autorisent d'une façon évidente. Ce n'est point la fameuse phrase où M. Darbot dit : « que nul ne pourra se tourner contre son vendeur s'il n'a fait séquestrer » qu'il faut invoquer, mais bien le passage où il s'exprime ainsi. « Tout animal peut faire l'objet de ventes successives jusqu'à ce que le dernier

1. Tr. de Trévoux, 10 nov. 1896. *Gaz. des Trib.* 19 janv. 1897.

2. Tr. d'Amiens, 16 mai 1897. SIZEY, 1897, 2, 253.

3. Tr. de Castelsarrasin, 30 juill. 1897. *Gaz. des Trib.* 7 nov. 1897.

acheteur, qui a donné l'éveil, soit amené à commencer une action judiciaire contre son vendeur. On devine aisément que ce dernier, qui se sent parfaitement innocent, appelle en cause son vendeur..... jusqu'à ce qu'on arrive au premier, qui, bien que de bonne foi, se voit obligé de supporter les frais d'un procès onéreux. »

Certains tribunaux, la Cour de Pau entr'autres, soutiennent que la suppression des recours successifs doit avoir l'heureux effet d'éviter les chantages que l'admission de ces mêmes recours pourrait faire naitre. Un acheteur, dit-on, pourra aller trouver son vendeur et lui dire : « j'ai en ma possession un bœuf que je crois tuberculeux ; vous avez été vous-même détenteur de l'animal, l'ayant acheté il y a moins de quarante-cinq jours ; si vous n'acceptez pas mes conditions, j'attendrai pour intenter l'action en nullité, que vous soyez forclos et que vous ne puissiez plus vous retourner contre votre propre vendeur. » Un pareil langage est digne d'un marchand peu scrupuleux ; mais ce vendeur intermédiaire n'aura-t-il point le droit de dénoncer à la justice, la tentative de chantage dont il aura failli être la victime, et ne pourra-il point, au cas échéant, demander la réparation du dommage qu'il aura supporté.

Toutes ces raisons nous paraissent assez concluantes pour admettre la validité des recours successifs. Notre solution nous paraît conforme au droit général, en harmonie avec l'esprit de la loi et enfin équitable.

La question que nous venons d'examiner nous conduit logiquement à l'étude d'une autre dont l'importance ne saurait échapper à personne. Nous avons admis la validité des recours successifs, mais seulement pendant le délai légal et au cas où la séquestration a été demandée par le dernier acheteur. Une autre hypothèse va se présenter à nous.

Après avoir acheté un animal, Pierre le revend sans avoir le moindre soupçon sur son état ; mais quelques jours après, pour une raison quelconque qui ne peut en rien diminuer sa bonne foi, il a des doutes sérieux. Si son acheteur lui intente l'action en nullité moins de quarante-cinq jours après celui où lui-même a fait acquisition de l'animal, il pourra se retourner contre son vendeur, mais s'il n'est point prévenu en temps voulu, il sera forclos.

En ce cas là, Pierre peut-il provoquer la séquestration d'un animal qui ne lui appartient plus ?

Les tribunaux d'Amiens et de Gray [1] déclarent que la nullité de la vente d'un bovidé tuberculeux

---

1. Jugements précités. Sirey, 97, 2, 254.

peut être invoquée par tous les intéressés et qu'en
présence de la loi de 1895, qui est d'ordre public,
il ne peut en être autrement. Pourquoi, disent-ils,
accorder au vendeur intermédiaire l'action récursoire, si on lui refuse l'action principale directe?
Il ne peut point en être ainsi et le droit d'exercer
la première de ces actions entraine aussi celui
d'exercer la seconde. Ces tribunaux soutiennent
encore qu'en adoptant leur opinion, les recours
successifs seront moins nombreux et qu'on évitera
ainsi de nombreux procès et de nombreuses mises
en cause.

Le vendeur intermédiaire n'aurait donc plus
qu'à provoquer la séquestration de l'animal qu'il
considère comme suspect et qu'à appeler son propre vendeur. Tels sont les arguments que l'on fait
valoir pour accorder au vendeur intermédiaire le
droit de provoquer la séquestration d'un animal
dont il n'est plus possesseur.

Faut-il partager l'opinion des tribunaux d'Amiens
et de Gray? Nous ne le pensons pas. Nous avons
bien admis la validité des recours successifs, mais
il ne nous semble pas raisonnable d'admettre que le
vendeur intermédiaire puisse demander la séquestration d'un animal qui n'est plus en sa possession.
Sans doute les nullités sont générales, en ce sens
qu'elles doivent profiter à tous les intéressés qui
remplissent les conditions légales et qui sont dans
les délais.

Mais la théorie que nous combattons est abusive. N'est-il pas excessif qu'un étranger puisse ainsi troubler le droit du propriétaire d'un animal sur lequel il n'a plus aucun droit, pour se sauvegarder dans le délai légal vis-à-vis de son vendeur. Pourquoi n'a-t-il pas conservé l'animal en question plus longtemps et ne l'a-t-il pas mieux observé? Son intervention en pareil cas, même si elle avait pour résultat de dissiper tout soupçon sur l'animal examiné, n'arriverait-elle pas à porter un préjudice au propriétaire actuel de l'animal, si ce dernier voulait le vendre? Des gens mal intentionnés ne pourraient-ils point dire : « Le bœuf que voici a été l'objet de soupçons, non justifiés c'est vrai, mais comme la tuberculose ne se traduit par des signes cliniques qu'à longue échéance, il peut être prudent de n'en point faire acquisition. »

Ce n'est pas que nous ne reconnaissions à ce vendeur intermédiaire le droit d'agir pour que l'animal soit examiné ; nous aimons mieux lui attribuer le droit de prévenir judiciairement le propriétaire actuel de l'animal, des soupçons qu'il peut avoir et l'obliger ainsi à ne pas rester dans une inertie coupable. Si le dernier propriétaire ne fait point visiter l'animal suspect de façon à sauvegarder dans le plus bref délai les intérêts de tous, le vendeur intermédiaire pourra, d'après nous, intenter une demande reconventionnelle pour le préjudice qu'il éprouvera ; et cette mise en demeure du vendeur intermédiaire, à l'égard du dernier acheteur, ne sera point une réserve extra-judiciaire ayant pour but de se dégager, mais bien un avertissement profitable à tous.

Cette manière de respecter les droits du vendeur intermédiaire nous semble devoir être préférée à la théorie des tribunaux d'Amiens et de Gray ; elle arrive au même résultat et elle est plus respectueuse du droit de propriété.

OBSERVATION

Toutes les observations que nous venons de faire s'appliquent aussi bien à l'échange des animaux tuberculeux qu'à la vente de ces animaux.

La loi de 1895 est du reste intitulée : Loi portant modification aux lois du 21 juillet 1881 et du 2 août 1884 relatives aux ventes et échanges d'animaux domestiques. La loi de 1895, pas plus que le décret

de 1888, ne parlent de l'échange des bovidés tuberculeux. Mais puisque les animaux tuberculeux
sont placés par la loi hors du commerce, ils ne
peuvent être échangés, et leur échange est inexistant. C'est ce qu'a décidé le tribunal de Saint-
Sever le 20 mai 1897 [1].

1. Sirey, 97, 2, 253.

CHAPITRE III

Etude des projets de modifications à apporter à la loi de 1895.

La loi de 1895 à peine votée, son application donna lieu à des difficultés sans nombre. L'article additionnel à la loi et le silence de cette dernière, au sujet de bien des questions que les tribunaux eurent à trancher, provoquèrent une diversité de solutions regrettable.

C'est pour remédier à cet état de choses que MM. Clédou et Dulau, voyant que leur amendement à la loi de 1895 n'était point interprété dans le sens qu'ils avaient voulu lui donner, et après une campagne de presse dans *l'Indépendant des Basses-Pyrénées* et dans la *Petite Gironde* dont nous avons parlé, déposèrent, à la date du 27 juin 1896, une proposition de modification à la loi de 1895, tendant à ce que la vente d'un bovidé tuberculeux ne fût déclarée nulle qu'au cas où la séquestration aurait précédé la vente ; mais leur proposition ne fut point prise en considération.

Revenant à leur idée première, après avoir fait admettre le principe de l'indemnité au cas de tuberculose, MM. Clédou et Dulau, proposèrent, le 14 mars 1898, un amendement ainsi conçu :

« Les articles 13 et 31 de la loi du 21 juillet 1881 sur la police sanitaire des animaux et les dispositions de la loi du 31 juillet 1895 sur la vente et l'échange des animaux atteints ou suspects d'être atteints de maladies contagieuses, d'où découlent les actions en nullité de vente et les pénalités encourues et qui fixent un délai pour les intenter, ne seront applicables, en matière de tuberculose bovine, qu'à la vente d'animaux déjà séquestrés avant la dite vente par ordre du préfet [1].

Cet amendement contenait une idée nouvelle relative à l'indication des autorités compétentes pour ordonner la séquestration et restreignait la compétence en cette matière à l'autorité préfectorale.

Le président du Conseil, faisant allusion à la loi du 21 juin 1898, fit observer que le Sénat étant saisi d'une loi sur les maladies contagieuses, il fallait se réserver sur la question. Son opinion

---

1. *Journal officiel* du 15 mars 1898.

ayant prévalu, il fut passé outre à l'amendement de MM. Clédou et Dulau.

En sens contraire, M. Darbot avait déposé une proposition annexée au procès-verbal de la séance du 14 février 1896 au Sénat [1]. C'est le 30 mars 1898 qu'il a déposé son rapport. La première discussion a eu lieu le 10 juin et les 15 et 16 décembre 1898; renvoyé à la Commission, le projet de M. Darbot a été discuté à nouveau le 23 mars 1899 et a abouti au projet voté ce même jour par le Sénat.

Trois modifications importantes s'en dégagent :

1° M. Darbot pensait que l'interprétation de certains tribunaux subordonnant la nullité de la vente à la préexistence de la séquestration est dénuée de tout sens pratique et inadmissible. C'était là le point de départ de son projet, et il demandait au Sénat d'ajouter au texte de la loi de 1895, les mots : « La vente ne sera nulle que lorsqu'il s'agira d'un animal soumis à la séquestration par les autorités compétentes après la livraison dont il aura été l'objet. »

2° Toujours désireux de diminuer le nombre des procès et d'éclaircir la loi, M. Darbot voulait consacrer législativement l'équivalence de la saisie et

---

1. *Journal officiel* du 15 février 1896.

de l'enfouissement à la séquestration et, à ce
sujet, ils s'exprimait en ces termes : « L'acheteur
d'un bovidé reconnu tuberculeux à l'abattoir, a les
mêmes droits vis à vis de son vendeur que si le
bovidé avait été reconnu tuberculeux avant l'abatage; la loi ne peut avoir deux poids et deux mesures, et le fait que la déclaration légale n'aura pas
été faite, ne saurait enlever les garanties dues à
l'acheteur, d'autant que la saisie de tout ou partie
de l'animal correspond assez exactement à la mesure de l'isolement qui suit la déclaration » ;

3° La modification la plus importante que
M. Darbot désirait faire subir à la loi de 1895,
c'était une transformation complète de l'action
accordée à l'acheteur d'un bovidé tuberculeux.
S'il s'agit, disait-il, « d'un animal abattu pour la
boucherie, reconnu tuberculeux et saisi, l'action
en nullité ne pourra être intentée que dans le cas
où cet animal aura fait l'objet d'une saisie totale ;
dans le cas de saisie partielle portant sur les quar-
tiers, l'acheteur ne pourra intenter qu'une action
en réduction de prix, à l'appui de laquelle il devra
produire un *duplicata* du procès-verbal de saisie,
mentionnant la nature des parties saisies et leur
valeur calculée d'après leur poids, la qualité de la
viande et le prix du jour. »

Tel est en quelques mots le projet de M. Darbot.

Lorsqu'on le discuta en première lecture au

Sénat, à la date du 10 juin 1898, la question relative à l'antériorité de la vente à la séquestration n'avait plus d'intérêt; la jurisprudence s'était rangée à cette manière de voir et la Cour de cassation, dans deux arrêts précités des 24 janvier et 16 février 1898, l'avait pleinement adoptée. Mais la commission, pour éviter le retour des nombreux procès qu'avaient suscités les mots de séquestration ordonnée par les autorités compétentes employés par la loi de 1895, qui avait oublié d'expliquer ce qu'elle entendait par séquestration et par autorités compétentes, proposa de les remplacer par les mots de « déclaration et d'isolement, prévus par les lois sanitaires ».

Sur le paragraphe 2, intervint un amendement de M. Milliès-Lacroix, tendant à réduire le délai pour intenter l'action civile, à dix jours. Le rapporteur, M. Darbot, s'opposa à cette limitation qu'il trouvait trop grande, et il s'exprima ainsi : « À la rigueur, on pourrait accepter trente jours ; arbitraire pour arbitraire, il n'y aurait rien à dire, si la science, en ce qui concerne l'étude de la tuberculose et l'emploi de la tuberculine, avait dit son dernier mot[1]. » Pour éviter tous les chan-

---

1. Sénat, débats parlementaires. Séance du 10 juin 1898, *Journ. off.* du 11, p. 733.

tages que M. Milliès-Lacroix voulait combattre à outrance, M. Darbot dit aussi que l'on pourrait supprimer l'exercice de l'action récursoire et limiter l'action en nullité à celui-là seul qui aurait fait la déclaration. A la séance du Sénat du 15 décembre 1898[1], on décida, sur les instances de M. de Blois, d'adjoindre à la commission M. Nocard.

En deuxième lecture, à la date du 23 mars 1899[2], la discussion ne fut point animée à propos de la transformation du caractère de l'action accordée à l'acheteur d'un bovidé tuberculeux, le rapporteur déclara que l'action en réduction de prix ne pourrait être intentée que si la perte subie par le boucher avait une certaine importance et il ne craignit pas de rappeler qu'il avait voulu introduire dans ses modifications à la loi de 1895, un élément de même nature que celui que l'on rencontre dans la loi de 1884. Sur une question de M. Fortier, M. Darbot rappela encore que l'action récursoire serait limitée à celui qui aurait fait la déclaration et que cette modification aurait l'heureux résultat d'obliger tout vendeur à surveiller son animal avant de le mettre en vente.

---

1. Sénat, débats parlementaires. Séance du 15 déc. 1898, *Journ. off.* du 16, p. 1008.

2. Sénat, débats parlementaires. Séance du 23 mars 1899, *Journ. off.* du 24.

Quant à la question des délais, M. Nocard, M. Galtier, professeur à l'école vétérinaire de Lyon, et M. Leclainche, professeur à Toulouse, ayant émis l'opinion qu'il valait mieux rayer la tuberculose du nombre des maladies contagieuses que de réduire le délai à dix jours, M. Milliès-Lacroix se rangea à la réduction du délai à trente jours.

On se demanda bien aussi s'il fallait rattacher ce nouveau projet à la loi du 31 juillet 1895 ou à celle du 21 juin 1898. On adopta cette seconde manière de voir et l'on passa au vote du projet de M. Darbot.

Sauf quelques modifications insignifiantes, il fut voté en entier et la rédaction adoptée est la suivante :

« L'article 41 du Code rural, livre III, section II, est complété par les quatre paragraphes suivants :

« ..... Néanmoins, aucune réclamation de la part de l'acheteur, pour raison de la dite nullité, ne sera recevable lorsqu'il se sera écoulé plus de trente jours en ce qui concerne les animaux atteints de la tuberculose.....

« Toutefois, en ce qui concerne la tuberculose, sera seule recevable l'action formée par l'acheteur qui aura fait au préalable la déclaration prescrite par l'article 31 du Code rural, livre III, section II, s'il n'y a poursuite du ministère public. S'il s'agit d'un animal abattu, reconnu tuberculeux et saisi, l'action ne pourra être intentée que dans le cas où cet animal aura fait l'objet d'une saisie totale. Dans le cas de saisie partielle, l'acheteur ne pourra intenter qu'une action en réduction de prix, à l'appui de laquelle il devra produire un duplicata du procès-verbal de saisie mentionnant la nature des parties saisies et leur valeur calculée d'après leur poids, la qualité de la viande et le cours du jour [1]. »

Le projet voté par le Sénat réduit donc le délai et transforme, suivant les cas, l'action en nullité en une action en réduction de prix.

Nous ne pouvons qu'applaudir au vote du Sénat; en réduisant à trente jours le délai pendant lequel l'action sera valablement intentée, les procès et les mises en cause seront moins nombreux, mais, incontestablement, la plus heureuse innovation c'est la transformation du caractère de l'action en nullité en une action *quanti minoris*. C'est bien vraiment par l'adoption définitive de cette idée que l'on rendra les procès moins nombreux et que l'on évitera les tentatives de chantage dont nous sommes tous les jours les témoins.

1. Sénat. Séance du 23 mars 1899, *Journ. off.* du 24 mars 1899.

CONCLUSION

Appréciation de notre législation.

***

Nous ne saurions terminer cette étude sans nous demander si notre législation relative à la tuberculose a atteint le but auquel elle est destinée.

En édictant les prescriptions que nous venons de passer en revue, le législateur a voulu enrayer les progrès de la tuberculose, diminuer le nombre des procès et enfin prononcer des peines sévères à l'égard de ceux dont la contravention de mauvaise foi à ses lois, serait pleinement établie.

En ce qui concerne la diminution de la tuberculose, on ne peut nier que les mesures prescrites ne soient des plus énergiques. L'obligation de la déclaration, la proclamation de la nullité de la vente des animaux contaminés, la saisie des viandes d'animaux tuberculeux, l'ordre d'abatage, les indemnités accordées, en sont le plus grand et le meilleur témoignage.

Ne doit-on pas cependant regretter que le législateur ait simplement parlé de saisie de viandes au cas de tuberculose et n'ait point spécifié que la vente ne sera nulle que si la saisie a une certaine importance. Au cas de saisie partielle, la nullité doit, nous l'avons vu, être prononcée et le préjudice supporté en ce cas, ne répond pas toujours à la gravité de l'action en nullité.

Quant aux indemnités, ne serait-il pas juste d'en accorder au propriétaire qui, *proprio motu* et de bonne foi, fait abattre un animal tuberculeux? Nous avons vu que dans l'esprit de M. Méline ce n'était pas seulement au cas d'abatage par ordre, ou bien après la formalité de la déclaration, qu'elles devaient être accordées. Les paroles de M. Cochin à ce propos donnent encore une plus grande importance à notre regret et M. Ferrette l'a bien fait observer au ministre de l'agriculture, à la date du 6 février 1900 (Ch. des députés).

Il n'en reste pas moins avéré que c'est seulement dans les deux cas dont nous venons de parler que l'indemnité peut être accordée.

Quant à la limitation des délais au cas de vente, ce n'est pas au point de vue juridique que l'on peut l'apprécier. Les vétérinaires seuls peuvent juger quel est celle qui convient le mieux à la découverte de la maladie. S'il importe qu'elle ne soit point trop longue, pour ne pas laisser le vendeur dans une incertitude fâcheuse, il importe aussi de ne pas la réduire au point que l'action en nullité, par suite des formalités qu'elle entraîne, devienne à peu près impossible et que les recours successifs soient tellement limités, que le vendeur originaire, souvent le plus coupable, soit le mieux protégé.

Le reproche le plus grave que l'on puisse adresser à notre législation, c'est le défaut de sa rédaction; elle n'a point dit le moment où doit se placer la séquestration, ni expliqué ce qu'il faut entendre par autorités compétentes pour l'ordonner.

On soutient encore, que c'est à tort qu'elle n'a point prévu les cas où il devrait y avoir lieu à des visites domiciliaires; qu'elle n'a point prescrit l'emploi de la tuberculine; qu'elle n'a point encore ordonné une surveillance efficace des foires et des marchés. Ces reproches sont-ils sérieux? La prescription des visites domiciliaires aurait été pas trop inquisitoriale et tout en amenant les plus heureux résultats, elle aurait provoqué les plus vives récriminations.

Quant à la reconnaissance de la force probante de la tuberculine, il n'est pas avéré que cette dernière soit infaillible. Le législateur l'a conseillée, prescrite même pour les animaux importés, mais avant de lui reconnaître un pouvoir de diagnostic définitif, il importe d'en connaître plus à fond l'efficacité.

En ce qui concerne l'insuffisance de la surveillance des foires et des marchés, il importe de reconnaître que la tuberculose ne se diagnostique pas à première vue et qu'elle nécessite un examen minutieux de l'animal suspect.

Se livrer à une pareille étude en public, ou mieux encore faire sortir du foirail un animal, n'est-ce point le marquer du doigt, alors surtout que malgré tous les soupçons qu'il a pu faire naître, il peut être indemne de toute contagion.

Mais dans le même ordre d'idées, l'on doit regretter que la surveillance prescrite, pour les abattoirs et pour la consommation du lait ne soit pas plus étroite. Dans les grandes villes, il y a lieu de supposer que si le service sanitaire se fait régulièrement, la loi doit produire son effet; mais dans les campagnes, des bouchers interlopes n'en exercent pas moins, grâce au manque de surveillance et à des tentatives de chantage couronnées de succès, une profession lucrative. Pour ce qui a trait à la surveillance des laiteries, nous pensons qu'il serait bon de les faire inspecter et de se montrer d'une sévérité sans égale, car c'est par la consommation du lait contenant les bacilles tuberculeux que la tuberculose exerce ses plus grands ravages sur l'humanité.

On reproche encore à notre législation d'avoir voulu faire du vétérinaire sanitaire un personnage de la plus haute importance. Ne doit-on pas reconnaitre à ce propos qu'il fallait bien donner à un homme de l'art, le caractère officiel surtout pour l'ordre d'abatage et pour les évaluations auxquelles l'on doit procéder. Mais il n'y aurait, d'après nous, aucun inconvénient à ce que pour tout ce qui concerne la vente des bovidés tuberculeux, la loi s'en rapportât à l'appréciation des vétérinaires choisis par les parties, si l'accord entr'elles existait à ce sujet. La confiance est une chose bien difficile à inspirer; dans bien des cas elle peut éviter des procès et favoriser une solution satisfaisante pour tous.

Remarquons aussi que sur certains points, tels que l'enfouissement et la désinfection, notre législation est par trop formaliste, mais c'est l'esprit de notre époque et il est difficile de changer les hommes.

Les pénalités prévues par la loi de 1881 sont un salutaire avertissement, mais elles sont rarement applicables, la mauvaise foi du contrevenant à la loi étant difficile à prouver.

Les dangers de la tuberculose sont si manifestes qu'il est à souhaiter que l'idée émise par MM. Clédon et Dulau, de la rayer du nombre des maladies contagieuses, ne soit jamais adoptée.

Si la devise du législateur doit être encore plus que celle de toute autre personne, *semper melius*, il nous semble que l'on peut l'appliquer à la législation de la tuberculose.

Incomplète avec le décret du 28 juillet 1888 et avec la loi du 31 juillet 1895, elle doit, depuis la loi du 21 juin 1898 et surtout avec les modifications projetées, amener de bons résultats.

Vu : *Le président de la thèse,*
L. CAMPISTRON

Vu : *Le Doyen,*
J. PAGET.

Vu et permis d'imprimer :
Toulouse, le 25 avril 1900.
Le Recteur,
Président du Conseil de l'Université,
PERROUD.

TABLE DES MATIÈRES

RED. :

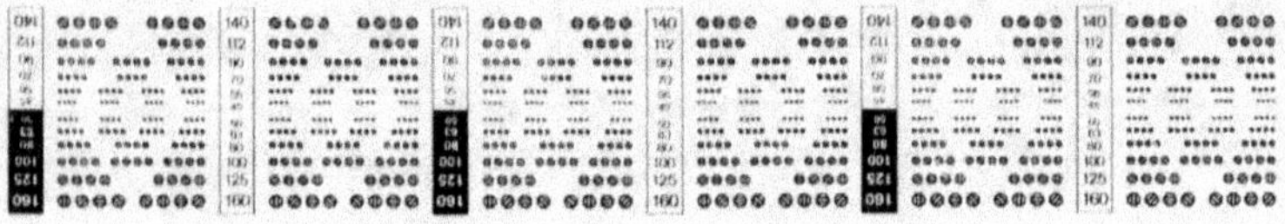

i9